新时代教育丛书

名校长系列

XINSHIDAI JIAOYU CONGSHU
MING XIAOZHANG XILIE

立德树人讲演录

杨 鹏 ◎ 著

北京出版集团
北京教育出版社

图书在版编目(CIP)数据

立德树人讲演录 / 杨鹏著. -- 北京:北京教育出版社,2022.8
(新时代教育丛书. 名校长系列)
ISBN 978-7-5704-4753-4

Ⅰ.①立… Ⅱ.①杨… Ⅲ.①中学生—品德教育—文集 Ⅳ.①G631.6-53

中国版本图书馆 CIP 数据核字(2022)第 162326 号

新时代教育丛书·名校长系列
立德树人讲演录
杨 鹏 著

*

北 京 出 版 集 团 出版
北 京 教 育 出 版 社

(北京北三坏中路6号)
邮政编码:100120

网址:www.bph.com.cn

京版北教文化传媒股份有限公司总发行
全国各地书店经销
河北宝昌佳彩印刷有限公司印刷

*

720 mm×1 000 mm 16 开本 13 印张 180 千字
2022 年 8 月第 1 版 2022 年 8 月第 1 次印刷
ISBN 978-7-5704-4753-4
定价:68.00 元

版权所有 翻印必究
质量监督电话:(010)58572498 58572393
购书电话:13381217910 (010)58572911
北京教育出版社天猫旗舰店:https://bjjycbs.tmall.com

总 序

办好新时代教育

随着社会现代发展进程的推进，尤其是改革开放以来，中国教育事业加速发展，中国已建成世界最大规模的教育体系，教育总体发展水平进入世界中上行列，中国教育发展进入新时代，中国基础教育改革进入实质性的根本转型时期，处在一个走自主创新道路的关键转折点。

新时代呼唤新的教育。习近平总书记在全国教育大会上强调："立足基本国情，遵循教育规律，坚持改革创新。"面向未来的教育才有未来，新时代的教育，重在破解传统、旧有范式。基于此，面对新时代教育，与教育工作相关的所有主体都需要从思想和行动上做出努力和改变，并围绕主体价值、文化情境、智慧情怀、系统生态等关键词全面开展教育活动。

首先，新时代教育强调主体价值。

"教育同国家命运紧密相连"，点明了教育在国家建设和民族复兴中的地位和作用，强调了教育改革发展的价值取向，为我们今天准确把握办学的总体方向和人才培养的根本目标提供了思想遵循。

教育现代化的终极价值判断标准是人的发展，是人的解放和主体性的跃升。自古以来，中国的教育传统既强调教育的人文性，也强调教育的社会性，相应地，在人才培养目标上既强调完善自我，也强调服务社会和国家，更强调在服务社会和国家中达到自我的充分实现。新时代更要坚守教育本质，重视教育的价值观建设，坚持以社会主义核心价值观为引领，回答好"培养什么人、怎样培养人、为谁培养人"这些根本问题，从而培养有历史责任感、志存高远的时代新人。

其次，新时代教育强调文化情境。

学校不仅是传播知识、文化、智慧的地方，更是生产知识、文化、智慧的场所。学校无文化，则办学无活力。学校是文化传承的主阵地，学生文化、教师文化、课程文化、网络文化和制度文化等现代学校文化建设，引领了学校的发展，呈现了学校办学气质。

更重要的是，文化创设情境。"为学生一生发展奠基"，统整科学与人文，优化学生生存环境，借由"境中思""境中做""境中学"，实现学生主动学习与发展、个性化成长及德育渗透。

增进文化认同，是学校管理者的重要使命。政策制定者、执行者和教育管理者，一定要从为国家和民族培养优秀人才的角度关爱引导师生，让每位教育工作者深刻认识到"教育"二字蕴含的国家使命，真正将为国家和民族培养人才、培养爱国奉献的人才这一价值追求切实贯穿于办学育人全过程，一代一代坚持下去。

再次，新时代教育强调智慧情怀。

国之兴衰，系于教育。教育兴衰，系于教师。教育同国家的前途命运紧密相连。这当中，智慧型教师和教育家尤其为新时代教育所期待。他们目光远，不局限于学校和学生眼前的发展，而是着眼于未来；他们站位高，回归教育的本体，努力把握并尊重敬畏教育的共识、规律；他们姿态低，默默耕耘，淡泊明志，宁静致远；他们步伐实，总能紧紧围绕学生、教学、课程、教师发展等思考自己的职责和使命。

总而言之，教育家顺应时代潮流，立足现实，展望未来。在把握办学方向、把握时代脉搏的基础上，他们勇立潮头，担当时代先锋，他们对历史和未来负责，超越现实、超越时空、超越功利，用教育的力量塑造未来，解放学生的个性、想象力和创造力，共同推动和引领中国基础教育改革和创新，愿意为共同探索中国未来教育之道而做出巨大的努力。

最后，新时代教育强调系统生态。

观古今，知兴替，明得失。关于未来的认识是选择性的，未来"未"来，新时代的教育人需要根据某种线索去把握超出现在的想象并做出价值选择。这种价值选择的关键还在于，教育人真切明晰，未来学校是面向未来的学校，是为未来做准备的。教育中的新与旧、过去与未来，不是对立的，而是连续的，从而能够让教育者基于教育的本质和规律守正创新，坚守立德树人的初心。

各级各类学校之间是相互依赖的，单一的学校不能构建成一个完整教育系统，唯有每个学校都致力于体现自身的教育特性，努力实现自己所承担的教育任务，发挥出自己的教育作用，才能共同构成一个完整的教育系统。加强基础教育改革设计的整体性、系统性和长期性，把"办好每一所学校"作为基础教育改革发展的主要目标，是共同构建良性的教育生态，发挥整个教育系统功能的最优选择。

在这种情境下，"新时代教育丛书"的策划出版具备极强的现实意义。丛书通过考察和认识各地名校教育实践，寻找新时代教育的实践样本，清晰梳理了新时代教育中名校、名校长、名师、名班主任等的发展脉络，记录了新时代教育正在逐渐从被动依附性转向自主引导性，并在与现代技术的融合中彰显出其对于经济和社会生活的主导价值。

丛书提供了不同类型、不同地区的中小学名校、名校长及名师、名班主任在探索、构建新时代教育过程中鲜活的实践案例及创新理念。从中，可以看到有深厚历史积淀的传统名校，也可看到新时代教育发展浪潮中的新兴学校，其中有对外开放探索中国本土化教育的小学，也有站在教育改革潮头的中学；还可以看到开拓创新引领时代风气之先的名校校长、专注各自领域的优秀教师，以及新时代教育变革下的全国各地不同的班主任的德育之思。

更难能可贵的是，丛书不仅包括一般情境下的"案例"，也包括了特殊情境下的思考，不同系列注重了从"现象"到"本质"的过程，进而升华到方法论。丛书的每一本著作既是独立完整、自成体系的，也是相互呼应的，剖析问题深入透彻，对策和建议切实可行，弥补了教育理论和学校实践之间的差距，搭起了一座供全国教育研究者、学校管理者了解新时代教育及未来学校落地实践的桥梁。

未来学校不是对今天学校的推倒重来，而是对今天学校的逐步变革。这不仅仅是对学生提出的挑战，更是对学校发展建设提出的挑战。我们始终强调，理论不能彼此代替、相互移植，中国基础教育的改革与发展，必须靠中国的教育学家和广大教育工作者来研究和解释，从而构建立于世界之林的新时代中国基础教育的改革和发展的当代形态，实现理论创新和方法创新。

期待丛书能给更多的中小学校以启发，给教育工作者以有益的思考，供他们参考借鉴，帮助他们寻找到新时代教育的钥匙，进而在新时代教育的理论指导和教育改革实践带动下，因地制宜、因校制宜地落实到新时代教育工作中，引领学校新样态发展，助力更多学校在新时代背景、新教育形势下落地生花，实现特色、优质与转型发展，快速提升基础教育水平，推动教育改革发展，实现立德树人的根本任务，办好人民满意的教育。

新时代教育丛书编委会
2021 年 1 月

序言

心中有大爱

立德树人是教育永恒的话题。为谈好这个话题，多少教育人像跋涉登高的行者，一边谦卑地探路，一边虔诚地施教，耳边总响起那些睿智的声音。心中有大爱，教育可大成。

如果我们认真梳理国家的教育方针，就不难发现，不同时期不同阶段，不管育人目标怎样调整，不论表达方式怎样变化，有些核心要素都恒久未变，那就是始终以立德树人为根本任务，始终把德育放在教育工作首位。由此可见，立德是教育的首要使命，树人是教育的终极追求。

德育就是使人向美向善，教育就是让花儿绽放。教育的善在于其出发点是发现和培养人心中的那份纯真和美好，教育的善在于其过程是让人享受人与人心灵沟通那份和谐和愉悦，教育的善在于其结果是以那份相助与守望陪伴人成长、成熟、成功，教育的善是给予、利他、宽容、感恩、无我等大德大善的无限传递和叠加。教育的过程其实就是用智慧去启迪智慧，用情感去沟通情感，用美好去发现美好，让受教育者不断向善，不断向美，不断向阳。

美德是需要启蒙和培育的。在学校，德育对象不仅仅有学生，还有家长，更有教师自己，这是大德育观。为把师生的精神境界立起来，学校校训总结为"厚德至善，博学致远"，"厚德"是让师生的精神长高，"博学"是让师生的人生走远。于是，在我的教育实践中，在教师见面会上，在学校工作会上，在开学典礼上，在总结表彰会上，只要有我能说话的地方，我总是精心地播撒高尚品德的种子，把自己对于教育的理解、对于德善的追求、对于真美的渴望不厌其烦地与我的老师和学生分享，我总是一片赤心地呼吁师生要爱祖国、爱人民、爱父母、爱自己，我总是豪情万丈地劝说师生要有理想、有志气、有追求、有想法，我总是轻言细语地告诉师生要拼搏、要奋斗、要顽强、要坚韧，我总是苦口婆心地告诫师生要自尊、要自信、要自律、要自强，我总是勉励师生要以德立身，心存善念，行有善举，做好人，对人好，让人更好。

立德树人很讲究仪式感，立德树人更注重言传身教。一次庄重的讲话，一席交心的会谈，一句温馨的提示，一个榜样的示范都可能对一个人的一生产生深远的影响。于是，立业领人、立德树人、立志育人、立己达人就成了我在教育管理中的重要使命与行动目标。我把自己在不同场合有关教育特别是德育的40篇讲话稿收集整理成册，取了《立德树人讲演录》这个书名，不为出彩，只为那些平常的教育话语能有个平凡的记载。为保持讲话内容的原汁原味，文中所涉及的校名、人名、时间、数据都保持了原有样态。本书能与读者见面，幸得领导和导师们的关怀指点，在收集整理期间，幸得同事不辞辛劳，帮助录入审核，在此深深致谢！因个人局限，境界不高，才疏学浅，文章难免粗糙简陋，辞不达意，期盼能有中肯的意见和建议。

没有爱就没有教育，教育总是大爱无边。我总想以言传身教为路径去落实立德树人这个根本任务，把这些没有章法的闲言碎语罗列出来，试图去感染人、引导人，以实现立德树人、立己达人，这是整理这些文章的本意和初衷。我总是尽可能地探索德育的针对性、实效性和可操作性，力求构建一个对学校管理者有参考价值的德育模式，可能作用不大，也不见得有意义。但我始终坚信，一粒善的种子撒落在每一个人柔软的心田上总会生根发芽，开花结果，总会给每个人的心灵世界带来至善至真至美，总会让教育清亮人心、温暖人生。

大爱无边在心中，无关风月，不论年华。徐徐行走，深深叩问，期待桃花盛开，杏粉天下。

2022年4月于松江河畔

目 录

第一篇　立业领人

精准谋划，精彩开局，用"三牛"精神推动品质教育迈向新征程 /002

干强教育事，打赢攻坚战，逆风而行，顺势而为，夺取新胜利 /011

同志同道，不负春秋 /021

不忘过往，不负将来 /024

立足新阶段，迈步新征程 /031

抢抓机遇，激情作为 /038

我们走在大路上 /045

风正好扬帆 /050

让平安健康与我们永远相伴 /056

老实做事，干净做人 /063

第二篇　立德树人

因为有爱，所以远行 /068

心怀"五品"梦想，不负青春时光 /072

信不信由你，反正我信了 /076

因努力而优秀	/081
别让安逸辜负了你的芳华	/084
厚德至善，博学致远	/087
怀揣理想走四方	/090
让平凡的日子心怀感动	/094
做最好的自己	/099
做一个有素质的人	/104

第三篇　立志育人

有志气　肯拼搏　懂感恩	/110
有梦想　能吃苦　就优秀	/114
优秀　光荣　希望	/117
学校因你而精彩	/120
又是一年春来到	/123
努力走得更高更远更强	/126
行走在苦与乐的路上	/130
我运动，我健康，我快乐	/134
生命因拼搏而精彩	/136
感谢与希望	/138

第四篇　立己达人

携手与你同行	/142
并肩去远方	/144
一起向未来	/148
农村初中，原来可以办得更好	/153
探索教育改革，实现提质增效	/159
努力提升学校办学水平	/163
感动、感想、感恩	/167
农村校长的使命与成长	/169
镌刻在大山深处闪亮的青春	/184
为美好教育梦不懈奋斗	/189

第一篇
立业领人

精准谋划，精彩开局，用"三牛"精神推动品质教育迈向新征程

——在松桃民族寄宿制中学 2021 年开学工作会上的讲话

同志们：

今天我们召开 2021 年开学工作会，全面总结"十三五"以来特别是 2020 年学校发展取得的成绩，谋划"十四五"学校发展新蓝图，安排新一年学校工作。现我代表学校进行汇报，请各位认真审议并提出宝贵意见。

一、回顾过去，"七个值得"总结来时路之艰辛

回顾过去，不忘初心；总结成绩，增添信心；梳理经验，砥砺前行。"十三五"时期是松桃民族寄宿制中学（以下称"四中"）的快速成长期，具体总结有"七个值得"。

值得总结的是政风校风既清又正。县纪委派驻纪检组全程监督指导，学校加强政治理论学习，加强党风廉政建设，加强意识形态工作，加强优秀支部创建，加强师德师风教育，加强政务校务公开，加强纪律规矩执行。由此，学校党支部战斗堡垒作用进一步突出，党员先锋模范作用进一步彰显，干部政治素质进一步提高，职工遵规守纪进一步严明。学校多年

无违法违纪现象发生，党风政风阳光清朗，学风校风既清又正。

值得感恩的是办学条件根本改善。"十三五"期间松桃县财政困难，但县委县政府始终把教育摆在优先发展的战略地位，再穷没有穷教育，五年内对四中先后投入2600多万元，维修老教学楼、宿舍楼，新建学生宿舍、塑胶篮球场、田径场、停车场，绿化教学区、宿舍区，配置计算机教室、录播室、梦想教室、未来教室，使办学条件从无到有，从少到多，从旧到新，从荒到美，从落后到现代，学校集净化、绿化、美化、文化、信息化、现代化于一体，有了一流的办学条件，为高质量发展提供了坚实的基础保障。这是多年来县领导及教育主管部门对松桃四中的关心和厚爱，值得每一个四中人感恩奋进，倍加珍惜。

值得欣慰的是师资水平快速提高。一批好教师是一所好学校的根本。五年来，学校在充实教师数量、提高教师素质、培养骨干名师上下功夫。通过汇报课、示范课、优质课等大练兵，把教师拉出来、推出去，很多教师成了教学能手；通过谈话、听讲座、搞培训等专业学习，增强教师自信，唤醒沉睡潜能，很多教师成了业务骨干；通过压责任、挑重担、移岗位，很多教师成了管理行家。四中教师快速成长，一群年轻教师如朝日初升，光芒四射；大批中年教师如大树参天，成才成林；众多骨干教师似群星闪耀，成名成家。每个教师都变得有想法、有做法、有说法，每个教师都在提升，都在成长，都在进步，每个教师都在平凡的岗位上成了最好的自己。源源不断的好老师是学校宝贵的财富，是学校最好的依靠，四中有你们，无比幸运！

值得自豪的是教学质量显著提高。四中发展从最先建校定位精英教育转向后期的普及教育，从小规模学校发展转向大规模学校建设，教学质量也同步经历了高质期与低潮期。近五年来，四中在学生人数有增无减、普及任务有增无减、问题困难有增无减、竞争压力有增无减的困境中再次逆袭，教学质量重新进入全市城区公办初中前列，连续荣获全市初中教育质量二、三等奖，每年中考100人以上进入省级一类示范性高中，500分以上优分人数接近50%，省级示范性高中录取率达76%，更多学生能更好地成才和成长。四中学子进入高中后五年内有两人成为铜仁市文理科状元，同一届学子中有三人同时考入清华，数以千计的学生考入了全国著名高校，这充分证明了学校教学质量和教学水平。这是一段四中人用汗水拼搏换来的辉煌史，值得四中人永远骄傲和自豪。

值得肯定的是办学思路及时调整。四中把握国家教育改革发展大趋势，突出质量和公平，强调"五育"并举，以办让人民满意的教育为目标对学校办学方向和办学思路做了重大调整，适时提炼出了品质教育思想，以"品质教育，每个人都高品质"为学校办学方向，将培养品性善良、品学渊博、品象阳光、品味纯真、品质卓越的"五品少年"作为培养目标，将学校工作重心调整到加强高品质校园文化浸润、加强高品质课程建设、加强高品质课堂构建、加强高品位教师培养、加强高品位学区创建等路径上来，让教育减少功利，回归本真，学校发展驶入健康发展轨道。

值得称道的是脱贫攻坚决战决胜。我们坚持以教育脱贫攻坚统揽学校发展全局，响应政府号召，尽锐出战，全面跟进，派出82名干部驻村包户，决战决胜全国深度贫困芭蕉村，至目前为止，已累计支付脱贫攻坚资金122万元。在这难忘的岁月里，帮扶教师不论白天黑夜、不管刮风下雨，转战教育教学和脱贫攻坚两个战场，田里种地、路上挑沙、房上捡瓦……教师用勤劳朴实真帮实扶，为村民修建致富路。调度会、院坝会、连心饭……教师用真情换真心，架起连心桥。通过大家的持续努力奋斗，我们做到了"短板全补齐，问题全清零"，顺利通过了多次高规格的检查验收，出色地完成了教育脱贫攻坚各项工作任务，使芭蕉村民与全国人民一道脱贫致富奔小康，没有辜负党和国家的重托，没有辜负县委县政府的信任，没有辜负老百姓的期望！

值得庆幸的是学校持续稳定平安。四中疫情防控阻击战经受住了考验。疫情是近年来我们最深刻的记忆，面对突如其来的新冠肺炎疫情，学校闻令而动，全力以赴，在情况最复杂、人流最集中的农贸市场及大十字站岗值班,坚决落实教育部"五个一律"和省市县相关疫情防控要求,严防死守,让责任区安然无恙,让校园成了一方平安净土。庆幸的是我们始终绷紧安全稳定这根弦,始终加强安全教育、安全应急演练、安全隐患排查、安全风险防范、安全专项治理、安全机制保障,不断提高安全管理水平,全力维护校园安全稳定,实现多年无校园安全责任事故,全年安全零事故的目标。

同志们,用"七个值得"总结过往,文字叙述简单,成绩来之不易。特别是2020年我们走得极不平凡,极不平常,极不平静。我们冲锋在滚石上山、爬坡过坎的一线,扛起大责大任,历经大疫大考,承受大风大浪,成就大业大功!我们能有这些成就,根本在于县委县政府的坚强领导,教育主管部门的具体指导和关心,在于全体四中人不怕苦、不服输、不吹牛,敢争先、敢创新、敢拼命。回顾过去是对曾经付出的肯定,更是对支持、关心、帮助、促进四中发展的领导、家长、学生以及全体教职工的尊重。平凡蕴含伟大,英雄来自人民。借此机会,我代表学校致敬每一个了不起的四中人!

二、立足当前,"三个把握"厘清脚下路之责任

正确把握全国教育改革发展之"全局"。全国教育改革发展以党的十九大为指针,集中体现在教育部近期下发的文件中,2021年全国教育工作会强调指出,"十四五"期间,我国教育进入高质量发展阶段。教育改革和发展的外部环境和宏观政策环境已发生深刻变化,新形势、新阶段、新理念、新格局、新目标、新要求给教育提出了五个方面的需求:新时代坚持和发展中国特色社会主义,全面贯彻党的教育方针,落实立德树人根本任务,这是对教育的政治需求;面对14亿人口,创办世界最大规模的教育,这是对教育量的需求;推动现代化,构建双循环格局,推动高质量发展,这是对教育质的需求;实现中华民族伟大复兴,推动中华文化传承与创新,这是对教育的文化需求;从发展中大国到跻身世界舞台中央,打造

核心竞争力，这是对教育的结构需求。办教育要抬头看路，我国教育发展进入高质量发展阶段这一定性决定了学校今后发展的主要方向。"五大需求"是教育改革与发展的着力点，每个教育人都应深刻领会，把握实质，把高质量发展作为干教育工作的指针并以此来定航导向。

正解把握省市县教育振兴之"大局"。省委省政府将"加快推进教育现代化，建设特色教育强省"作为贵州"十四五"教育发展目标，市委市政府致力于打造铜仁教育高质量升级版，县委县政府以复兴振兴松桃教育为己任，这些都是教育工作的"大局"。县委县政府正在组织实施的教师优化组合、校长管理改革、职称评聘改革是全县教育改革的一套组合拳，是推动松桃教育持续健康发展的重要抓手和主要途径，学校工作就是要以这些大局统筹各个方面，找准路径确定方法，推动各项工作，协调各方发展。

正确把握学校发展进程之"变局"。四中发展20余年，经历了建校初期的少而精、规模壮大期的多而粗，现在已经进入高质量发展阶段的高品质学校创建新时期。钱少、事多、政策紧、责任大是四中特殊时期面临的外部发展环境，不发展就发慌，不进步就退步，不出彩就出局。如何从这些变局中寻找变化，如何在这些危机中创造生机，四中人不能懈怠，也不敢懈怠。我们始终相信四中人的智慧和力量，对于每个教师而言，学校即家。家校荣辱与共，校兴家旺，校衰家败，始终是四中每个人内心不变的家校情怀，始终是流淌于四中人血脉里的文化基因，始终是四中战胜困难、传承荣光、持续风华的文明密码！我们在，四中的辉煌就在，有我们，什么都不怕！

正确把握学校发展中的"三个局"，定航导向2021年工作的总体思路是：全面学习贯彻党的十九大精神，按照国家、省、市、县教育行政部门和县委县政府的统一部署，全面贯彻教育方针，以立德树人为根本任务，落实"五育"并举，全面实施品质教育，全面提高教育质量和办学水平，努力办人民满意的教育！

三、着眼明天,"六个始终"坚定未来路之梦想

始终通过党的思想政治建设武装头脑。政治是灵魂,是方向。党的全面领导是办好学校的根本保证。要强化党的理论武装,加强干部职工的政治理论学习,把学习作为首要任务,做到学深悟透,融会贯通,真信笃行。要加强党支部建设,强化党支部的政治功能和组织能力,强化政治机关意识,走好第一方阵,让支部真正发挥战斗堡垒功能,让党员真正起到先锋模范作用。要做好意识形态工作,坚持马克思主义在意识形态领域指导地位,坚定不移地用马克思主义占领学校阵地,让全体教职工"三观"端正,忠诚于党和人民的教育事业。要坚定不移加强党风廉政建设和反腐败斗争,在驻校纪检监察组的具体指导监督下持续加强作风建设,严格落实中央八项规定精神,强化监督执纪问责,积极培育奋进文化,营造清明的政风、校风。

始终落实立德树人这个根本任务。全面贯彻党的教育方针,促进学生全面发展是为党育人、为国育才的根本要求,是提升人民群众教育获得感、幸福感、安全感的核心内容。要大力实施"新时代立德树人工程",把德育放在学校工作首位,上好思政课,探索建立"三全"育人新模式,增强学校德育工作针对性和实效性,促进学生德智体美劳全面发展。要坚持"五育"并举,优化品质教育课程体系,抓好学校体育、美育和劳动教育,以社团教育为主阵地培养身心健康、素养全面、个性突显、特色鲜明的"五品少年"。要抓好学生作业、睡眠、手机、读物、体质这"小五项"管理:要求初中作业不超纲,学生作业自我管理,自主完成;要确保学生睡眠充足,不得牺牲学生健康来挣分数;要禁止学生带智能手机进入校园,让学校成为信息管理的一片净土,还学校安静的读书氛围;要加强学生读物管理,把阅读作为学校重要的教学内容,为学生量身定做适合其成长的书单,鼓励教师多将经典引入课堂,培养学生良好的阅读习惯;要抓好体质管理,将健康的体质作为学校管理内容,全面提高学生身体素质

和心理素质。这"小五项"管理，看似是小事，实则是关系学生健康成长全面发展的大事，也是广大家长的烦心事，抓实抓好，就是办人民满意的教育。

始终高扬教育公平而有质量这面旗帜。人民满意的教育首先是教育的公平，然后才是教育高质量。教育公平首先是入学机会均等。近些年，四中在原有划片生源不断扩大的情况下继续增加异地移民安置区生源入学，学校招生突破承受底线，学位供给万分困难，甚至给学校发展、教育质量带来了严重影响。为保证这些学生能入学，学校想尽一切办法，把功能室改成教室，将厕所改成办公室，扩大学位供给，让学生有学上。这既是政治责任也是光荣任务。四中作为全县公办优质初中，公办性质决定其具有普惠性、公益性。让那些贫困学生能在同一片蓝天下共享优质教育资源是在干有价值、有意义的事情，不管有多少困难，能让这些异地移民安置区的学生可读书、可在好的条件下读书、可把书读好，是一个教育人的民生情怀，是最值得干的一件好事、大事，我们都应该乐于去干、全力去干、绝对干好。

教育公平的另外一个意义就是要去关注那些所谓的"特殊学生"。一个有高尚师德、民生情怀的优秀教育工作者应该是这样的：教育要有教无类，不论民族与性别，不分贫穷与富有，不管城镇或乡村，只要进了学校门都是好学生，要始终用智慧和热情帮孩子点亮导航梦想的灯，让他们都享有人生出彩的机会；教育要因材施教，心里关注特殊群体，用大爱和温暖让自卑的孩子找到自信，让自弃的孩子走向自强，让有自残倾向的孩子对学习和生活充满热爱，对人生充满梦想和向往；教育的本质是"看见"，手中拉着那些跑得慢的孩子，看见他们的闪光点，挖掘他们的潜能，发现他们的与众不同，让其释放他们的光芒。不要用世俗的眼光去扼杀一个还在成长的孩子，每个孩子都自带光芒，都需要我们持久地温柔以待，我们要努力去做孩子成长路上的支持者和守护者。

要始终扛起教育质量这面大旗。质量是学校发展的生命线，以高质量著称是四中的光荣历史,是社会给四中的口碑,是四中师生说话的底气!四中的教育质量要分数但不唯分数,要看学生全面发展的素养,要看学生就读高中的水平,要看学生走入社会的能力,在四中带领学生读书三年,要着眼学生未来三十年。提高教育质量不要搞题海战、疲劳战,以牺牲师生时间甚至是牺牲健康为代价换来的分数不值得拥有。不要让学生在初中就精疲力尽,要把学生的后劲儿留给高中、大学。提高教育质量要在加强教学常规管理、构建高品质课程、打造高效课堂、提高教师素质上下功夫,规范的教学流程、合理的教学时间、快乐的教学氛围、积极的教学心态、优秀的考试成绩才是四中课堂教学应有的生态。学校要始终高举公平而有质量这面大旗,想尽一切办法,克服一切困难,用好一切资源,确保今年中考铜中录取100人以上,松中录取400人以上,500分以上优分人数占比近50%,省级示范性高中录取率达75%。

始终抓好教师培训培养这项工程。名校之名在名师,师资水平是学校的核心竞争力,高素质师资是教育高质量发展的有力支撑和根本保障。要坚持不懈抓师德师风建设,着力抓好教师思政工作,厚植师德涵养,对有违师德师风现象零容忍。要持之以恒抓教师发展。没有一个教师不尽力,只是能力有大小,成就有高低;没有一个教师不优秀,只是发展有快慢,表现有侧重;没有一个教师不重要,只是任务有多少,责任有轻重。教师成长要环境,学校要做的就是不分性别、不论年龄、不管学科,给每个人以平台,给每个人以机会,让每个人都成长。教师成长靠自己,不自暴自弃,不自甘平庸,不自高自大。教师成长要相信,相信拼搏才会渊博,尽力才能进步,委屈才会伟大。要通过唤醒、引领、教育、激励等方式,借助名师、名校长平台,走出去请进来,上挂职下锻炼,既拜师又带徒等多途径培养名师、骨干教师,让年轻教师成长为骨干,让骨干教师成长为名师。要继续修改教师考核评价方案,在教师评优、晋级、评职称等考核评价机制上更能体现奖优罚劣,让肯干事的人有盼头,干成事的人有想头。要积极配合做好县校长考核评价管理办法、县教师优化组合工作,实现

"能者上，庸者让"的教师发展新局面。

始终筑牢学校安全稳定这道防线。 安全重于泰山，生命不保，不谈教育。要统筹推进疫情防控和学校发展，科学精准做好新冠肺炎疫情常态化防控工作。要切实加强对留守学生、单亲学生、德困学生、学困学生、心理身体问题学生等学生的关爱与帮助，不让一个学生掉队。要强化校园及周边综合治理，强化顶层设计，强化安全教育，强化安全管理，强化风险排查，强化问题整改，强化专项整治，强化舆情管控，切实做好学校安全稳定工作，确保学校全年安全零事故。要科学制定应急预案，在防"六灾"方面扎实开展应急演练，切实提高师生应急避险能力，确保学校稳定平安。

始终做好后勤服务这个保障。 要做好办学条件改善工作，争取安装会议室电子大屏，更新部分教师办公电脑，对学生宿舍和教室进行常规维修。要做好校园文化建设工作，把两室及走廊文化建设好。要做好学生资助工作，实现应助尽助，按时发放相关资助资金，保证任何一个孩子不因贫困而辍学。要管好用好学校经费，协调筹措资金，保障办公正常运转。

同志们，新长征路上，风雨来临是常态，风雨无阻是心态，风雨兼程是状态。特殊时期四中发展面临的风险考验只会越来越复杂，甚至会遇到难以想象的艰难。这需要我们甘为人民服务，做无私奉献"孺子牛"；甘促创新发展，做克难攻坚"拓荒牛"；甘愿艰苦奋斗，做吃苦耐劳"老黄牛"。以"三牛"精神去战胜困难，迎接挑战。四中今天的成就得益于昨日之努力，四中明天的出彩依靠今日之奋斗。作为四中人，必须肩负"校兴我荣，校衰我耻"的职责使命，以"功成不必在我"的胸襟，以"功成必须有我"的担当，铭记来时路之艰难，不忘脚下路之责任，坚定未来路之梦想，以一往无前的拼搏精神，以风雨无阻的战斗状态，以无与伦比的辉煌业绩，续写四中发展里程中新的壮丽篇章！

干强教育事，打赢攻坚战，逆风而行，顺势而为，夺取新胜利

——在松桃民族寄宿制中学 2020 年开学工作会上的讲话

同志们：

疫情未尽，春意早来。刚从疫情防控火线上撤回居家隔离的我们，今天又在网上宣布新一年工作重点，安排部署我校新一年各项工作。《松桃民族寄宿制中学 2020 年工作要点》经学校研究审定已由办公室印发，请大家认真阅读，这里不再复述，现我就如何干好教育事、打赢攻坚战讲几点意见。

一、打赢两场硬仗，强势出击，誓获抗疫、战贫双胜利再收兵

坚决打赢疫情安全防控这场阻击战。确保全校师生身体健康生命安全是教育工作的底线，生命不保，不谈教育。当前，做好疫情防控是学校第一政治责任，是首要工作任务，不是做好做差的选择题，而是只能做好的"军令状"。学校全体教职工要严格按照上级疫情防控相关工作的要求不折不扣地执行。

一是要精准摸排，摸排责任人要看好自己的门，管好自己的人，对县外和县内外出人员，特别是从疫区返回的师生、有类似感冒症状的师生要

严格排查，建立人员信息台账，摸清风险人员的底，实行动态监测，不漏一户，不落一人，人员摸清楚，风险排在外。

二是要严格防控，学校坚决落实教育部"五个一律要求"，即未经学校批准学生一律不准返校、校外无关人员一律不准进校门、师生进入校门一律核准身份和测量体温、对发烧咳嗽者一律实行医学隔离观察、对不服从管理者一律严肃处理。学校要定期对校园进行消毒，对教室、寝室、办公室、功能室等做好室内通气通风，加强学校环境卫生、食品卫生监督管理。学校要做好相关防控预案，保证防控人员及时到位，防控物资补充到位，防控技术培训到位，安全卫生管理监督到位，确保疫情防控"不留死角、不留盲区、不漏一人，万无一失"。

三是要科学教导，各班主任要运用宣传单、信件、网络视频教学等形式加强对学生进行疫情内容、疫情预防控制等知识教育，要正面引导学生正确认识疫情，教育学生科学防疫控疫，不信谣传谣，不过度恐慌。要加强对学生的生命健康教育、爱国主义教育、理想信念教育、法制和纪律教育，教育学生从小树立正确世界观、人生观、价值观。四是要高度整合，学校疫情防控不是单独板块作战，要与学校安全管理、卫生管理、学生常规管理有机统一，齐抓共管，左右联动，互相促进，整体提高。

防疫是阻击战、保卫战、阵地战。疫情防控是底线，守住阵地是使命。全体教职工要自觉承担政治责任，人在阵地在。要始终相信党和国家的强大力量，要始终相信国家的医学技术。

坚决打赢脱贫摘帽巩固这场攻坚战。2019年我校87名教职工（含驻村及新调入教师到其他乡镇帮扶）作为全线脱贫攻坚战的一个"尖刀班"，在太平街道芭蕉社区脱贫战斗中取得了这个深度贫困村与全县同步脱贫迈入小康的彻底胜利，为松桃2019年全县脱贫摘帽精彩出列做出了应有贡献。按照上级安排部署，松桃整体脱贫摘帽之后，机构不撤、人员不减、政策不收、力度不变，我校还将继续承担芭蕉脱贫巩固提高攻坚任务。省教育厅邹联克同志指出："全省教育系统要充分认识脱贫攻坚教育保障的严肃性、任务的艰巨性、形势的严峻性，坚持以脱贫攻坚统揽教育全局，一切工作都要向脱贫攻坚发力，都要与脱贫攻坚结合，都要为脱贫攻坚服务。"

如何继续打赢这场攻坚战？一是要紧盯控辍保学这个核心，防止因贫辍学、因疫辍学、因厌辍学。教务处要建立动态学籍管理监测机制，长期保持学校与学生及家长之间密切联系，确保我校学生及芭蕉社区在读学生辍学动态清零。二是要紧盯学生资助这个重点，总务处要按照上级资助政策应助尽助，按时、足额发放各类学生资助资金。学校任何人不得向贫困生违规收取任何费用。各班主任要对本班贫困学生、各帮扶责任人要对帮扶对象在读学生给予足够温暖和关爱，确保家庭经济困难学生正常生活和学习。三是要紧盯贫困人口核心指标，在确保"一达标，两不愁，三保障"核心指标不反弹的前提下，学校将举全校财力继续加大对芭蕉社区的产业扶贫帮扶力度，壮大社区集体经济，增加贫困户收入，确保未脱贫的脱贫，已脱贫的不返贫。

脱贫战斗，是一场攻坚战、歼灭战、收官战。在这场战斗中，我们很多同志克服了诸多的身体疾病、心理重压、家庭困难等，五加二，白加黑，晴加雨，转战于学校与芭蕉社区，仗打得很英勇很豪壮！我敬你们虽满身疲惫却依旧不辞辛劳走遍千山万水，我敬你们虽满鬓白发却依旧无怨无悔说尽千言万语，我敬你们虽满身伤痛却依旧奋不顾身尝尽千辛万苦！在这个伟大的时代，我们人民教师听从政府号令，能够直接参与这场没有硝烟的战斗，成为冲锋陷阵的一线战士，既是我们守初心担使命为党和人民做贡献的一次宝贵机会，也是对全体党员干部和教职工政治站位、全局观念、工作能力的一次政治体检。当我们收到帮扶户每周为我们精心准备的农家菜，当每组贫困户轮流真诚地请我们吃农家饭，当我们为贫困户硬化好一条条平坦的连心路，当我们看到贫困户能自觉整理环境卫生，当我们看到贫困户搬进新房脱贫验收后脸上洋溢的幸福笑容，当我们看到芭蕉社区全体村民拉起"衷心感谢四中的帮扶老师！"的横幅，集体请我们吃答谢饭的时候，苦累如烟散。我们感动！我们舒畅！

二、干好两件大事，背水而战，顺势而为，打造四中优质管理升级版

干好教育质量提高这件大事。抗疫战贫是政治任务，学校教育质量提高是中心工作。当前，如何既完成好政治任务又抓好中心工作，做到双促进两提升，考量的是管理者的管理水平和教职工的办事智慧。一是要谋划好一盘棋。停课不停教、停课不停学需要学校超前谋划，分管校长要通盘考虑特殊时期教学的特殊应对之策，教务、教科处要在备、教、批、辅、考、研等环节谋好策、定好路、督好阵、导好向，把教学这本经念透，把提质这盘棋走好。二是要逼自己一把。疫情减少了授课时间，如果教师再用老套路，靠苦拼、苦干在较短时间内去完成教学任务，去提高教育质量，显然是不科学、不现实的。时间不足效率补。那就要求全体教师有刀刃向内的勇气，要审视自己的教育理念，改进自己的教学方法，要精熟考试标准，精准把控教学目标，精确掌控教材重难点，精讲精练，高效率上好每一堂课，高质量做好每一次作业，用较少的教学时间取得更好的教学效果，掌握更多的知识技能。三是要"到海绵中去挤水"。时间就像海绵里的水，挤挤还是有的。要学会用空间换时间，师生能在课外完成的不在课内干，能在家里完成的不在学校干，能用网络完成的不到现场干，学生能够完成的不用教师干，个人能够完成的不用集体干。要教育学生时不我待，只争朝夕地珍惜学习光阴，特殊时期谁能用好时间、管好时间，谁就是胜利者。

抗疫战贫没打胜仗是不讲政治，教育质量没搞好是严重失职。四中人以教育质量说话，四中学校以教育质量立世。四中教师在非常时期定能集非常之智，谋非常之策，用非常之法，立非常之功！

干好办学水平升级这件大事。这些年，四中连年荣获全市教育管理先进集体称号，逐步走向规范化、制度化、科学化轨道。但在新的时期，学校面临前所未有的管理困局,招生困境、经费困境、政策困境等因素客观上制约了学校管理向优质化挺进。如何破局,打造一个升级版的优质管理的新四中?重点要打造"五张名片":

一是要进一步优化办学条件。学校要多方筹措资金,争取更大教育投入,努力实现校园环境优美,突出美化、绿化、亮化、净化,建成花园、公园、乐园、果园。努力实现设施设备现代化,班班有空中课堂,生生有学习终端,学校可全网络教学。努力使校园文化深厚,体现为物质文化很丰富、精神文化很深厚、制度文化很人性、标识文化很美观。

二是要进一步壮大师资力量。要多途径创新走好压责、培训、激励等培养教师三步棋,充实名师、名校长队伍,汇集骨干教师,培养中青年教师,打造一支数量够用素质较高的教师队伍。

三是要进一步升级学校管理。学校要修正不适时、不合理的规章制度,让管理体制机制更加科学顺畅。要加强学校综合治理能力建设,筑牢师生生命安全保障防线。要加强校务政务公开,确保政务公平、正义,保证权力在阳光下运行。要全面总结"四在校园"(吃、住、乐、学在校园)学生管理措施,推广"学校即家"管理经验,让学生吃得舒心,学得快乐,动得舒畅,让学校充满家的温情。要探索家校密切共建模式,组建家委会,请家长建言献策,参与学校管理,实现家校共育。

四是要进一步提高学校教学质量。学校要树立全面育人教育质量观,建立教育质量评价体系,把德、智、体、美、劳五育纳入学校教学质量评价。学校要建设更加完善的课程体系,不仅要开齐音、体、美课程,更要开发丰富的书法、演讲、科技、运动、民族文化、劳动实践等校本课程,开展丰富多样的社团活动,聘请专、兼职教师提供课后服务,让学生知识与技能、过程与方法、情感态度与价值观全面跟进。学校要始终抓好教改教研,把毕业班工作作为学校工作的重中之重,确保参考率、平均分、及格率、优分率稳定增长,长期向好,让中考质量始终处于高领地、高水平。学校要重视学困生的教育和管理,想方设法提高他们的学习兴趣,鼓励他们打好学习基础，支持他们学一技之长，让学困生享受更优质的公平有质量的教育。

五是要进一步提高师生的幸福指数。学校要积极主张并认真落实教育部、省教育厅减轻教师非教学任务相关文件精神，减轻教师非教学负担。学校要积极创造条件改善教师工作环境，保障教师应有待遇。学校要在事关教职工切身利益的方面，诸如评优评模、职称评聘、晋职晋级等，更加民主、公平、公开，让教师心灵敞亮。学校要真正关心生活困难身患疾病的教师，想他们所想，急他们所急，尽最大努力帮助教师解决实际困难。学校要畅通师生反映问题、提出建议的渠道，让师生为学校发展想办法、提建议，让师生成为学校的主人。学校要改进学生教育管理方式，对犯错误的学生要用爱心耐心地教育，要给德困生改正错误、不断进步、不断成长的机会，积极营造师生互爱、和谐共乐的氛围。要想方设法让师生感觉在学校很温暖、很幸福，在学校有梦想、有追求、有行动，离校后有留恋、有不舍、有记忆。

把四中办成全省"上品"、办成西部初中示范校、办成全省一流学校是四中创办以来历届师生的梦想。打造学校五张名片，全面提高学校办学水平是把四中办成师生喜欢的、人民满意的、政府放心的公平而有质量的学校的开创性工作，是当代四中人的使命与担当。四中人要看到当前学校发展面临的危机，不能躺在太平椅上睡大觉，更要看到挑战背后的大好发展机遇。四中只有在不断改革和发展中才能永立时代潮头，永占胜利高地！

三、提出两条建议，主动应战，积极作为，特殊时期再谱四中发展新篇章

毛泽东同志说过，政治路线确定之后，干部就是决定因素。能否打赢两场硬仗，干好两件实事，实现全年工作目标，关键在教师。因此，向全体教职工提出如下建议：

做一个有奋斗感的教师。这次疫情,可能会改变部分教师的人生观、价值观。年长者认为船已到岸,没啥奔头,安于现状;年纪轻者认为生命无常,功名短暂,活在当下;有沧桑经历者,看破红尘,身归沉静。选择什么样的生活是一个人的自由,我们无可非议,但我想告诫大家,教师是学生"三观"的奠基者,是学生的榜样,是学生成长的引路人,教师职业的特殊性决不允许教师有精神负面。我们不敢想象一个经常混日子的教师能带出什么样的优秀学生,一个心已老去的教师怎么能培养学生积极进取的精神?

要拼搏不要停泊。教师要像一束火光,不管暗夜有多长,都能给学生热量和光明;教师要像一座灯塔,不管风雨有多大,依旧在远方引领航向;教师应是拼搏奋斗的楷模,始终凝聚强光团,始终传播正能量。让学生以我为范,让子女以我为荣。就是已退休,我们依然可以自豪地对年轻教师讲:教书就应该像我这个样子!依然可以对子女说:做事要像我一样有始有终!

要作为不要无为。四中要办成全省一流初中,办成人民满意的学校,需要全体教师的积极作为。作为需要梦想,一个没有追求的教师不配为教师,自己碌碌无为,去教导学生"知识改变命运,教育成就未来",这都是妄谈。作为需要担当,担当就是接受工作任务不推三阻四,教授学生不挑肥拣瘦,荣誉面前肯谦让——"给他们",艰险面前肯举手——"让我来"。这个世界上最不可混的两种职业是医生和教师,混医误人性命,混教误人子弟。一个学生可能只是教师所教学生的几千甚至几万分之一,但对于一个家庭来说绝对是百分之百。所以,对教师而言,无为即无功,无功即有罪!耽误孩子一生,是最不可饶恕的罪过。

要"虎派"不要"佛系"。所谓"虎派"就是要勇敢,敢去上一节公开课你就可能会成为教学骨干,敢去管一个"双困生"你就可能会成为名班主任,敢去写一篇"豆腐块"你就可能会成为论文作者,敢去大会上发言你就可能会成为管理接班人。不要在工作面前找借口,要把"严峻任务"看成"重要机会",把"我实在太忙"换成"我抽时间去干",把"我年纪大"改成"我有经验",业绩总是在勇敢者的奋斗中收获,成功总是青睐那些肯第一个去吃螃蟹的人。很多时候,是胆小阻碍了我们前进的步伐,迈开步子吧,道路其实并不像我们想象的那样险象环生。

生命不息,奋斗不止!在学校,学生最瞧不起的是才疏学浅、能力弱、责任心不强,脾气却很大,态度还蛮横的教师。同事最鄙视的是工作拈轻怕重,利益锱铢必较,合作偷奸耍滑,自己不干活还废话多过文化的"老油条"。事实上,在学校,那些顾大局、讲团结、守公道、挑重担、肯吃亏、有业绩、做贡献的教师常常是职称最高、最受人尊重、最让人难忘、最健康向上,退休了也依旧被政府尊重、学校想念、学生敬爱的老师。而那些平时得过且过,一生平庸无为,满口烟熏油腻,满身江湖怪气,甚至找借口不想工作的教师,不是被时代浪潮抛弃就是被人们遗忘。

做一个有幸福感的教师。这场疫情,让我们对金钱和幸福有了更深层次的理解。没钱不一定不幸福,有钱也未必就幸福。幸福其实是内心的感受。

要在"学"中去体验幸福。我们经常困苦、迷茫、焦虑、担忧,其实是我们士不了、扛不起、想不开、放不下,说到底是我们心智不高、能力不强。若我们学识渊博,能量强大,一切问题都会迎刃而解。要去书中学,读书会为你打开另外一扇窗,读书开拓你的视野,读书提升你的境界,读书教给你知识,知识越多、阅历越广、能力越强,所遇的问题与困难就不是什么难事。向人去学,"三人行,必有我师",师中有方法、师中有经验、师中有榜样,当你在师傅的指导下成功上了一堂优质课,当你在老师的指点下发表了一篇高质量的论文,当你在专家的引领下带好了一个后进班集体,当你在名师的帮助下提高了教学质量,你就感觉自身有了价值,你就觉得自己很幸福。

要在"爱"中去感受幸福。去爱国家,有国才有家,国家安全强大,才有我们安定团结,国家繁荣昌盛,才有我们幸福生活。爱国家,我们就为出生在这个强大的国家而骄傲；爱国家，我们就为生活在这个衣食无忧的国家里而感到幸福。去爱单位，单位是你安身立命之所，单位是你成才成功之台。爱单位，你就是单位的主人，你就有归宿感、幸福感。如果不爱，请你选择尽早离开，因为一个人干着自己本来不喜欢的工作，既不会幸福也不可能有成就，对你对单位都是伤害。你有单位，说明你没失业，说明你还有用，在这个失业比就业来得更快的年代，有工作干就很幸福。去爱学生，"爱学生"我们经常挂在嘴边，但真爱却很不容易。把学生视如子女，我们的一次付出能换来他们的一次成长，我们就会感到无比幸福。要特别关爱品德形成慢和学习基础差的学生，在我们教育的路上，这两类学生永远存在。教师的一个最有价值的劳动，就是尽一切努力和一切可能让这些学生得到最好的发展。培养众多成绩优秀的学生，让其考入名校固然重要，但促进教育公平，让每一个学生都阳光健康成人成才，是教育的终极使命，是学校的天职。有付出就有收获。教师付出的最大回报是节假日读大学的学生给你寄来一张"就是想您"的贺卡，是寒暑假三五成群的学生聚集到你办公室问候，是班上那个曾经最调皮的学生与你再次相逢握手时那声响亮的"老师"……那一刻你感觉做教师很幸福！

要在"干"中去收获幸福。**把"小事"干到位**。教师的工作很平凡，清点人数、备课、上课、批改作业、分析质量，和同事探讨个问题，找几个学生谈心……教书无非就是把这些小事做实做好。教育原本就不是干什么惊天动地的大事，但并不代表干这些小事没有价值。我想告诉大家，当你尽力把这些教育的小事做好时，你就做起了真正的教育！真正的教育，能影响学生一生。教育往往是一次心平气和的谈话、一个举动、一个眼神、一个期望、一个微笑、一次对错误的纠正等。也正因为如此，每一个教师只要认真去干，都能把这些小事干好，干到位，干出彩。每一个把这样的小事做到位的教师都是中国教育的脊梁。大家一起把教书这样的小事干漂亮，就能把中国教育的大事做得让政府放心，让百姓满意。教师就能在这种小事中收获大成就，收获真幸福。**把"难事"干扎实**。难事练本领，沧海见豪杰。心怀敢闯敢拼的勇气，去接受挑战性的任务，去解决棘手的困难，去啃难啃的骨头。不要惧怕困难，困难都是拿来解决的，困难从来都没有超过人们的办法。不要惧怕失败，每一个成功者的脚下都垫满了无数失败的基石，每一次挫折都会成为你进步的阶梯。担当一次重任，收获一次信任，树立一份威信，提高一次能力，日积月累你就会成为人们公认的骨干，你就会在最需要你的地方展示出你无限的潜力，你会发现，单位是多么离不开你，你是多么优秀，你会觉得干难事很幸福，没事干很荒芜。**把"大事"干出彩。**对教育而言，"科研"就是大事。不要把科研想象得那么遥不可及，世界著名教育家苏霍姆林斯基用心管理一所乡村学校写成了《帕夫雷什中学》，特级教师万玮把一个后进班带成先进集体，把管理和教育学生的方法进行探索归纳，写成了《班主任兵法》。特级教师、名师和我们的最大差别在于，他们把日常教育中的小事当成大事，用心、用情把小事干到了极致。如果你是班主任，用心记录你与学生之间发生的难忘的故事，编辑好就是一本《我的教育故事》；如果你是教师，用心记录课堂上与学生交流时那些精彩的片段，编辑好就是一本《课堂上那些难忘的瞬间》；如果你是团委书记，把每一次学生国旗下讲话指导修改好，编辑成册就成了一本教育专著《国旗下的精彩讲话》；如果你是学校中层管理干部，把你每一次讲话编辑成册就成了一本教育理论《教育杂谈》。去把学校安排你写心得体会的抱怨换成想发表文章的冲动，你会发现你特别能写；把学校安排你进行大会发言的压力换成发表演说的激情，你会发现你特别能说。把每一件看似麻烦的有负担的事做到精彩极致，你就变成了专家。当你身在别人的赞许与仰慕中时，你会发现幸福来得太突然。

同志们，欲戴王冠必承其重，干难事定有所获。2020年目标蓝图已绘，进军号角已吹，让我们不忘初心，牢记使命，再鼓劲、再出征、再作为，为抗击疫情、决战脱贫、提高质量、优化管理的新胜利再立新功！

同志同道，不负春秋

——在松桃民族寄宿制中学2020年开学工作会上总结讲话

尊敬的各位老师：

学校以网络会议形式召开全年工作会，将学校工作计划和我的讲话材料发到网上请全体教职工学习并讨论。一是疫情防控要求，要尽量减少聚集；二是改变以前"我讲你听"的会议状态，变成"你学你讲我听"，以求会议取得实效。我的讲话稿中第一部分讲的是政治性任务，第二部分讲的是学校的具体工作。其中表达的很多办学思想和观念都是我在教育部中学校长培训中心接受培训后对自己办学行为的检视、审查与思考，这些办学理念关系到学校今后办学方向和育人方式的根本变化。至于第三部分，我总想在新的特殊时期给教师们一些建议，那是我个人所思所想，只是些不一定科学的个人意见，仅供同志们参考。

我认真地逐条读完了大家的网上发言，惊讶老师们竟然这么能讲，每个人都讲得很深情，讲得很深刻，讲得很专业，看来大家都是认真学习了的。能有这么大的收获，与大家开诚布公地交流确实在我的意料之外。其中很多教师对学校和我予以高度的肯定和评价，以主人翁的使命感和责任感下决心，立志干好学校工作，让我非常感动。真诚地谢谢大家的理解和包容。借此机会，我就本次会议讲几句心里话，算是对本次会议做个简单总结，和同志们共勉。

一是我们要有认识不足的气度和承认错误的雅量。我要求同志们就讲话稿中的第二部分"如何干强教育事""如何优化管理提高质量"多提意见和建议，是因为我知道，我们这一块工作还存在很多问题，还有很多工作有改进和提升的空间，还有很多工作没做到位。但收到的意见不多，即使有人提出点儿工作建议也十分含蓄和委婉，可能是不想讲，也可能是不敢讲。大家不要有思想顾虑，我是真心想听取大家的意见和建议，一是因为这些年四中取得了一些小成绩，我们有点儿飘，这个时候我们需要有人浇瓢冷水。二是大凡一个单位、一个家庭、一个人，如果没有人再肯提意见、没了反对的声音、没了好意的批评，那就是开始走下坡路了。批评与自我批评是共产党人的工作法宝，"有则改之，无则加勉"是领导干部的坦荡胸襟。能够批评人也能接受批评既是智慧也是素养。"生于忧患，死于安乐。"我们要记住，和我们竞争、反对我们、批评我们甚至收拾我们的人其实都是我们一生的贵人。因为有人和我们竞争，我们就不敢睡一会儿再跑，最后赢的是我们自己；因为有人反对我们，我们干任何事情都小心谨慎，如履薄冰，这恰恰是保护了我们不出大事；因为有人批评，我们知道错了长记性，以后的路才能走得更顺畅。其实这些都是不花钱就能得到的最宝贵的财富。我们不能做谁揭我们疮疤就跟谁急的人，这是最愚蠢的。我们要真心恳请同志们向学校提意见，给我提意见，给学校的其他干部提意见。我们既要有认识自己不足的气度，也要有敢于承认自己错误的雅量。四中的领导班子，特别是我，不能妄自尊大、自以为是、不思进取。

二是我们要有刀刃向内的勇气和绝地反击的精神。我来四中六年，带领同志们克难攻坚，负重拼搏，锐意进取，四中办学条件得到彻底改善，师资水平有了全面提高，学校管理更加规范科学，教育质量实现快速提高，师生幸福指数逐年增长，这些成就是全体教职工努力奋斗出来的，值得我们骄傲和自豪。但在看到成绩的同时一定要知道我们的短板和我们目前所处的困境，我们还存在很多困难和问题：一是我们的办学条件还是十分简陋，特别是学生宿舍和食堂，学生吃、住、学、乐设施跟不上，教室不够用，各功能室不全，教师办公设备老化，与教育信息化、教育现代化要求相差甚远，素质教育实施条件还有很大限制。二是学校大班额现象依旧十分突出，化解任务十分艰难，严重影响了班级管理和学科教学质量。三是课堂教学方式依旧老化，课堂效率依旧不高，教育质量提高要突破瓶颈依旧艰难。四是学校发展面临生源竞争、质量竞争双重压力，四中发展竞争优势不明显。我们要正视这些问题和困难，改变这些现状。我们要有向自己的问题开刀的勇气，对不适合学校发展的框框架架要坚决打破，要有壮士断腕的决心和抓铁留痕的意志，来破解学校当前面临的困难。要从困局中发现变局，从劣势中看到优势，从绝境中找到顺境，绝地反击，开新路、创新局，干出一片新天地。

三是我们要有扬长补短的智慧和创新求进的方法。四中有很多办学优势：得天独厚的区位优势，名师骨干云集的师资优势，质优量大的生源优势，团结和谐的文化优势，拼搏进取的精神优势，等等。这些都是四中向阳生长不可复制、不可限量的教育资源，将学校这些优势发挥到极致，进而带动劣势变弱、短板变长是学校在新时期新阶段要研究和思考的重要课题。我们没有必要埋怨环境，改变自己就是改变环境，发挥师资优势可以改变课堂低效从而提高教育质量，发挥文化优势可以改变办学条件劣势进而提高办学水平，优化科学管理。我们要在创新中求变求进，创新是一所学校兴旺发达的不竭动力，课堂教学创新、学校管理创新、工作方法创新，学校就会逐步展现出活力生机，教师就会逐渐得心应手，教育才会持续健康发展。

今天这个网络开学工作会开得很成功。战贫抗疫，很多人只做不说，我向这些默默无闻的老师表达谢意！向长期以来为四中发展做出贡献的老师表达谢意！祝大家在新的一年里，全家安康，自己工作有起色，家庭收入有增长，子女学习有进步！六年四中情，终身四中人，有缘与大家在一起为四中服务，人生何求？同志同道，沙场激战，不负春秋！

不忘过往，不负将来

——在松桃民族寄宿制中学 2019 年开学工作会上的讲话

老师们：

伴随着春姑娘的脚步，我们一起迎来了新的一年。一年之计在于春，春意正浓，正是谋划、安排全年工作好时节，那就让我们认真总结过去，精心策划未来，为松桃民族寄宿制中学（以下称四中）新的一年有精彩开局，续写美丽动人的壮丽诗篇而努力奋斗。

一、不忘过往——有精彩、有感动、有担忧

忘记过去，等于背叛，总结过往，不负将来。回首 2018 年学校工作，我们有精彩、有感动、有担忧。

有精彩。精彩的是我们的办学条件得到不断改善。在上级领导的关心和支持下，学校多方筹措资金，积极改善办学条件，拆除原松桃师范破旧学生宿舍，重新装修教师食堂，完善新建学生宿舍附属工程，实施学生生活区绿化、美化、亮化、文化工程，消灭了学校最后一幢破旧危房，学校办学条件变得更加优越。

精彩的是我们的师资水平得到不断提高。在学校的高度重视和精心培养下，在大家自身努力下，我校已拥有市级以上名师、名校长 9 人，县级

以上骨干教师39人，年轻教师不断成长，优秀教师不断增多，每个级部都拥有众多师德高尚、业务精良的教师，学校人力资源丰富，后备力量充足，有了厚实的发展基础和强大的人才支撑。

精彩的是我们的学校管理不断规范。学校荣获县、市先进集体称号，全年安全工作"零事故"，全年教职工"零违纪"，学校多次在全县教育管理经验交流会上发言，多项管理工作受到上级肯定和表彰。

精彩的是我们的教学质量不断提高。去年中考，省级一类示范性高中铜仁市第一中学录取我校学生130人，录取人数创我校历史之最，省级二类示范性高中松桃民族中学录取我校学生523人，省示范高中录取率达76%，铜仁市教育质量评估含参考率、及格率、优良率、总平均分等综合指标考核在铜仁市城区公办初中序列中，我校已经挺进前六强，教育质量如一面旗帜在苗乡大地上空高高飘扬。原定的把学校办成全县"极品"的近期目标已成现实，正在向全市"珍品"的中期目标逐步靠近。

这些精彩成绩来自全体教职工的苦心耕耘，艰苦奋斗；是全体教职工排难争先，砥砺前行闯出来的；是全体教职工负重拼搏，开拓创新拼出来的。学校没有资金表彰大家，就请允许我代表学校向大家鞠个躬，以表达对全体教职工衷心的感谢和崇高的敬意！

有感动。感动有你，在学校有困难、遇急流时你毫不犹豫挺身而出为学校排难解忧。像付芬、张德珍、陶文静、杨玉英、吴海燕、谭丽蓉等这些刚生完孩子的老师，由于学校无人上课，产假还没结束就放下嗷嗷待哺的婴儿又回到教室；像刘丽娜、唐建云、田微丽、张珂、冉吕等身怀六甲的老师，她们依旧承担繁重的教学任务；像田艳平、郭华、石海平等老师在临产期还坚持站在讲台上，脚肿心累却依旧坚持。她们就像石海平老师讲的那样："我是四中一分子，学校需要的时候我就该来。"

感动有你，在艰难的岁月里依旧为学校发展勇挑重担。像已接近退休之年的付宗祥、冉桂芸、李代科、龙安保、罗志坚、杨金铃、杨兴友、张绍华、袁玉芝等老教师，年岁渐高，身心俱疲却依然为学校分忧；像曾芳、田红等老师身有疾病却坚持在学校工作中兢兢业业，从无怨言。

感动有你，在学校工作低迷突围期冲锋陷阵。像袁政军、陈琼、陈群、刘平翠、阳微、张春艳、杨丽、王福念、吴军、蔡瑞、姚绍强等老师，在学校最需要的地方创造奇迹，在学校最低迷处成就学校辉煌。

感动有你，服从安排服务大局。像杨猜、李永琴、麻建业、唐金伟、冉丽萍、姚芙蓉、吴晓琴、陶文静、梁蓉等老师，哪里需要就去哪个岗位工作；像刘周平、简洁、冉松丽等老师，虽是借调却从不考虑个人利益，尽心尽力为学校做贡献。

感动有你，默默无闻地在后台为学校做好后勤保障。像涂逢志、黄义锋、王莉丽、石晓军、欧阳雷、祝亨英、杨绍东、陆元本等这些老师，在幕后干着平凡的工作却尽职尽责。

感动有你，在涉及自己的切身利益时，虽事与愿违却依旧理解从容。在学校评优、晋级、评职称、资金分配中，我知道学校做得并不十分好，难免有不公平不公正的地方，但老师们都识大体、顾大局，四中老师都具有高素质，这也是四中一直让人神往、让人安心的地方。

这些都是我校老师中平凡而普通的代表，但他们高贵的精神总是让我们心中有无限的敬仰和感动。有句话讲：一个好校长就是一所好学校。来四中后，我觉得这句话讲得不准确，应该是一批好教师才是一所好学校。我常想，四中为什么能从小到大、从弱到强、从平凡走向辉煌，是因为四中人骨子里有不怕苦、不怕累的坚韧，有不抱怨、不争斗的平和，有不平庸、不服输的拼劲，有做天下名师、办一流名校的决心和信心！感动有你们，能和大家共事是我今生之幸福，我定加倍珍惜，与你们携手共进！

有担忧。担忧的是在新常态下用老想法思考新规矩不对路。一直以来，学校为了提高教育教学质量，不得不补课加班，我们个别老师有违规打牌和喝酒的现象。这些现象实际上都是危险的信号，若在新常态下不严格要求自己，要去触碰底线红线，就会付出相应代价，请大家一定要守规矩，廉洁自律。

担忧的是在新政策下用老方法解决新问题不管用。随着教育改革的不断深化，育人目标有了新要求，育人方式有了新变革，中考内容和标准有了更大的变化，传统意义上的靠设教学奖来激励教师，靠搞题海训练来提高质量，靠高压政策来管理约束学生，这些老方法早已经不适应今天教育的发展，这些以前管用的老方法已经解决不了今天学校发展的新问题。

担忧的是在新阶段想以老姿态当"新大哥"不靠谱。自从学校划片招生以后，学校优质生源招收受到限制，加上私立学校异军突起，松桃县城初中"群星闪耀"新局面已来临。四中如果还是以"老大哥"自居，躺在功劳簿上睡大觉，要不了多久，这所全县最好的中学就会被请下神坛，这应该让我们四中人有更早的警醒和更多的思考。

生于忧患，死于安乐。盘点好我们目前的家底，弄清楚我们目前的处境，我们才能在危机中有清醒的认识，有清晰的目标，有坚定的步伐，有更美好的来路。

二、不负将来——有目标、有行动、有共勉

不忘过去，是为谋划更好的将来，不负将来，我们应该有共同的目标，有具体的行动，互励共勉。

有目标。2019年学校工作的主要目标任务是：守住一条平安底线（全年安全责任零事故），打赢两场攻坚硬仗（打赢脱贫攻坚这场硬仗、打赢教育质量提高这场硬仗），完成三大政治任务（抓好思想政治教育和政治学习、抓好党风廉政建设和反腐败斗争工作、抓好党支部建设工作），做好四项发展工程（教师队伍培养工程、"均衡教育"提升工程、德育体系建设工程、幸福提升工程）。工作要点已经印发给大家了，我在这里就不再赘述。请大家下去后认真学习，对照目标，找到路径和方法，按照各自职责完成好各自工作任务。我这里主要讲学校本年度要实施的幸福提升工程。

有行动。我们要完成的幸福提升工程主要有：一是改革"备课检查"，

真正让教师工作愉快。从本学期起，凡是同级同科学期统考前两名的教师、市级以上名师、市级以上骨干教师，其教案学校免检，不要求全体教师必须手写教案，教案重点检查集体备课和个人实际备课过程，让教师有更多时间和精力来研究和思考教学方法，减少无用的形式主义。二是关注"健康体检"，真正让教师身体健康。学校要建立教师健康档案，工会无论有多困难，每年都要安排全体教职工进行一次体检，要充分考虑生病教职工的工作量，要十分关注教职工的身心健康，学校要多开展各类体育运动，带领全体教职工加强身体锻炼，学校要把教职工的身体健康当作重要事项纳入学校重要日程，抓实抓好。三是要实现"好好吃饭"，真正让教师生活幸福。学校今年要办好教师食堂，对教师食堂进行管理升级，增加设备设施，请好食堂工人，办好职工餐，让教师少花钱，吃好饭。四是要保证"工会福利"，真正让教师节日快乐。按照上级文件要求，落实教职工福利政策，工会按照节假日相关福利发放标准，按时足额将教职工的工会福利发放到位。五是要畅通"倾诉渠道"，真正让教师万事如意。在评优、晋级、评职称等事关教职工切身利益方面尽量做到阳光透明，公平公正公开，畅通教师诉求渠道，让教师心里坦荡，得之自然，失之坦然。只有教师有幸福感，学校才会幸福，教育才会有勃勃生机。

有共勉。我们要改变工作态度，紧跟时代步伐，力争出彩，不能出局。我曾经讲过，对于学生来说教育有三大幸事：一是出生在一个重视教育的家庭，二是能就读一所好学校，三是能遇到一些好老师。这个世界上有两种职业是不可混的，一是医生，二是教师，因为这两行责任重大，庸医误人性命，庸师误人子弟。站在父母的立场讲，对于一个家庭来说，每个孩子都是全家人的希望。站在教师立场考虑，我们每一个教师带一个班级几十人，教书几十年，会带成千上万的学生。如果我们认真些，学生的前途就会光明些；如果我们不负责任，会影响无数孩子的前途和命运，这是我们人生最大的罪过，我们一生都不会心安。我们吃了教育这碗饭，就得在这个岗位上尽职尽责，如果我们工作能力不行，工作态度又不好，我们终将被这个时代淘汰。我们要改进工作方法，确保学生平安健康，力求有功不能有过。时代在变化，老办法解决不了新问题，我们得改进工作方法。

作为教师首先要改变自己的传统教育观念，要通过学习来转变自己的教育思想，要在不断学习和实践上摸索新的教育方法；要改变课堂中"一言堂"的习惯，要多让学生自主学习、合作学习、探究学习；要更多培养学生素养和能力，而不是一味地"满堂灌"，让其机械地死记硬背。一定要清楚，效果不好是方法不对，只有不断改进工作方法，我们才能在新时期新阶段取得教育教学新成效。我们要调整状态和心态，热爱学校工作，力挺正能量不传负能量。我们要有正确的心态和良好的状态，教师的职责使命是为党育人，为国育才，教书育人是我们的天职，能把书教好，让学校敬重、让学生尊重、让同事喜欢、让家长满意，我们就很幸福。作为人民教师，我们是人类灵魂的工程师，我们的一举一动、一言一行都是行为示范，言为师表，我们所传递的必须是积极的、向上的、阳光的、乐观的正能量，不能在任何场合传递负能量。

我想讲的是，因为有您的努力，才有四中今天的成就，也因有四中的存在，才有您今天的辉煌！如果你有可能离开四中，不管是最初分配还是后来调入，都请感恩当年你来四中时学校给了你一个机会。四中给了你养分，给了你荣耀，给了你精神，你也因为自己是四中的一员而自豪、骄傲。如果你这一辈子都待在四中，那除了和你白头偕老的爱人以外没有谁还会像学校一样能与你相守相依一生。我想，我们在座的绝大部分人都是这样，四中就是你付出了青春、心血、热情甚至生命的家，你没有理由不爱她。也许，四中也有让你不满意的地方，就像你的家人，有时让你很生气，这很正常，因为学校不可能让人人都满意，更不可能做到事事都让人满意。多想想学校的好，是学校让你有了现在这份体面的工作，是学校给了你评职加薪的机会，是学校给了你子女优质的教育，是学校给了你成长成功的机会。所以，去好好地爱四中，爱四中的每个人，爱四中的一草一木。不要你去做惊天动地的事情,但要尽本职把自己的工作做到最好,时时处处记住:我是四中人!

《举杯正是好时候》这首歌中有几句歌词写得好:"用人生五味酿一坛家传老酒,今夜你我喝个够。说什么一醉解千愁,那是心里有奔头,有路只管朝前走……我在你身后。情意悠悠,酒香悠悠,举杯正是好时候,风雨共同舟!"

今晚学校食堂略备粗茶淡饭,可能没有酒,就把水当酒也希望你喝个够,因为我们心里有奔头!不管风,不论雨,我都在你身后。不论成,不管败,我们相携手,风雨共同舟!

立足新阶段，迈步新征程

——在松桃民族寄宿制中学2018年开学工作会上的讲话

尊敬的各位老师、各位同志：

根据会议议程安排，现我对2017年工作进行简单总结，并安排2018年学校工作，请大家审议并提出宝贵意见。

一、总结成绩——四中迈步新阶段

近三年来，在上级党委、政府的领导和关心下，在教育行政主管部门的具体指导和帮助下，通过全校教职工的共同努力，学校各项工作取得了突破性进展，四中发展已经迈入新阶段。主要表现在：

三年来办学条件得到新改善。学校始终把改善办学条件作为重要工作来抓，多方筹措教育经费，办学条件有了以下大变化：一是设施从无到有。学校新建了塑胶运动场、塑胶篮球场、学生宿舍，安装了电子大屏，新建了录播室、功能室、梦想教室、未来教室，安装了节能路灯、储物柜、学生床等，学校硬件建设再上新台阶。二是装备从旧到新。学校新购了课桌、图书、计算机、监控等设施设备，装修了办公室、会议室，安装了教室班班通、室内空调等，相关设备全部去旧换新。三是环境从荒到美。学校实现了硬化全区域、绿化全覆盖、美化全方位、文化全系统，让四中校园成为全县最美初中，学习条件实现真正意义上的一流。

三年来师资水平得到新提高。学校通过实施招师、训师计划，使师资水平快速提高，主要表现在：一是数量逐年增大，教职工总人数从160人增加到173人。二是平均年龄逐年减小，教职工平均年龄从41岁降到40岁。三是骨干逐年增多，每个年级各学科都有很多骨干教师引领。四是名师逐年增加，现有市级以上名师、骨干教师27人，在一定范围内形成了影响力。五是师德逐年提高，绝大部分教师爱岗敬业，涌现出了大批师德模范。六是成果逐年丰硕，主持县级以上教研课题人数增多，论文发表数量和论文获奖数量逐年增加，表彰受奖增多，课题成果丰厚。这些都充分说明我校师资水平实现了大提高。

三年来学校管理取得新突破。学校加强各项管理，管理逐步走上制度化、规范化、科学化轨道。主要体现在：一是制度更加人性科学，学校每年修改审定规章制度，制度执行充分体现人文关怀，各项资料做到人人有据可查，事事记载清楚明白。二是管理更加精细标准，在学校管理中强调针对性、可操作性，做到了在管理上要求更细致、执行更严格、结果更精准。三是评价更加透明阳光，学校实行量化管理，考核评价用分数，考核过程全公开，考核结果全公示，无异议后再执行。四是管理效果更加显著突出，学校成了省级安全文明校园，荣获市、县教育系统管理先进单位称号，教育年度综合考核连续三年全县第一，多次荣获县教育目标管理一等奖。学校管理取得了新业绩。

三年来教学质量实现新跨越。学校采取一系列措施抓教育质量，教育质量有了大幅度提高：一是总平均分逐年提高。学校总平均分从全县前列到全县第一到全市前列到超全市部分名校，挺进了全市城区公办初中前六名。二是每年中考优分人数逐年增加，多人位列全县前十名、前百名，高分人数从以前的占全县三分之一左右到现在接近二分之一。三是低分人数逐年下降，学校中考低分人数从三百多人降到两百多人，到现在控制在两百人以内。四是学科短板逐年补齐。以前学校理科综合是我校教育质量中的短板，现逐渐变成学校优势学科。五是综合质量稳步提高。学校落实"五育"并举，音、体、美、劳教育质量全面提升，市、县教育质量表彰从无到有，社会选择认可的信任度逐年增加，学校办学水平得到大幅提高，获得了社会广泛好评。

三年来幸福指数获得新提高。师生的幸福指数进一步提高，四中师生自豪感进一步增强，在社会上能昂起头走路，挺起胸做人。四中师生安全感进一步提高。在四中学习或工作，师生都有安全感，到处都是正能量满满。四中师生的幸福感进一步提高，觉得在四中工作学习不急、压力不大、收获不小，时常感到工作很舒心，享受教育很开心，师生对未来充满信心。

上面这五个指标是评价一所学校的核心指标，这些事实和数据足以证明四中已经成了真正意义上的全县极品（全县最好），四中的发展从"立起来"到"大起来"，又到今天真正"强起来"的新阶段，四中"三品"（全县极品、全市珍品、全省上品）办学目标中的第一品（全县极品）已经实现。这些成绩是来之不易的，经历了太多的艰辛，我们倍感珍惜。这些成绩的取得是各级领导关心帮助的结果，是社会各界理解支持的结果，是全体教职工团结、拼搏、奋斗的结果。在此，我谨代表学校向全体教职工表示衷心的感谢和崇高的敬意！

二、归纳成因——四中积累新经验

四中能够从小到大，从弱变强，从稳步前进到跨越发展，其发展道路值得我们认真梳理，其发展经验值得我们认真总结，三年来的实践经验告诉我们：

学校要高速发展必须有一个坚强有力的班子。俗话讲："要想跑得快，全靠车头带。"学校领导班子是一个老、中、青结合的有理想抱负、有坚定信念、有文化背景、有教育实力、有自律精神的团结、拼搏、奋斗、创新的班子。班子成员都是市级以上名师、骨干教师，在教育教学及管理领域都做出过突出成绩，都有很丰富的实践经验。是学校领导身先士卒、以身作则，带领全校教职工克难攻坚，学校才得以高速发展。学校要始终把加强班子政治建设、加强班子业务能力提高作为一项重要任务来抓，让这个学校发展的第一战斗堡垒经得住时间的考验，经得住岁月的洗礼，经得住教师们的审视，经得住家长和学生的长久关注。

学校要绿色发展必须有一个锐意进取的师团。学校之名不在名楼在名师。真正办好一所学校必须有一大批政治思想素质好、业务能力强的好老师。四中教师有团结进取、拼搏创新的光荣传统。四中教师都能识大体、顾大局，能摆正心态、摆正位置、端正态度，始终爱岗敬业、教书育人、为人师表；都能在平凡的工作岗位中兢兢业业、呕心沥血地工作，干出不平凡的业绩。四中这么一批好老师，为学校绿色发展提供了源源不断的持续动力，这个锐意进取的师团的存续和壮大，既是四中绿色发展的标志，也是四中持续发展的源泉，我们要保护好，涵养好。

学校要健康发展必须有一套科学完善的制度。依法治教、依法治校。学校管理要靠科学的管理机制，要靠规范的规章制度，少要人治，多要法治。学校管理要做到凡事有法可依，有章可循，才能事事有程序，人人讲规矩。近些年学校每年都召开教职工代表大会，持续不断地修订学校系列规章制度，让制度更加科学化、人性化，学校规章制度的不断建立、健全和完善，为学校健康发展提供了制度保证。学校会继续征求广大教职工的意见，将不适合学校发展的一些框架去掉，让学校规章制度更加体现阳光、公平，更加体现人文精神和情感关怀。

学校要特色发展必须有一种创新求变的思想。创新是国家兴旺发达的不竭动力，创新是一个单位永不落伍的力量源泉。这些年学校发展不断遇到新问题，不断出现新困难，有时候学校甚至面临严峻挑战。但在学校发展过程中，我们始终在不断的创新变革中寻找新路，始终革旧出新，从困局中找变局，从危机中找生机，使得学校这艘巨轮不断调整航向，持续朝着特色健康的彼岸前进。学校要始终发扬创新求新的改革精神，保证学校在新的领域不断创造新的辉煌。

学校要持续发展必须有一种坚持不懈的精神。事贵有恒，天下难事，有恒必克。四中这些年不管是改善办学条件、加强学校管理还是提高质量，攻克的都是堡垒，打的都是阵地战、攻坚战，靠的都是全体教职工坚持不懈的精神。因有坚持，我们才能在一个个看似不可能的领域创造奇迹；因有坚持，我们才能在一块块看似平淡的田野里收获不简单。学校要大力弘扬这种凡事坚持不懈的精神，全体教职工有这种不怕事、肯干事、干成事、不出事的劲头，学校就能在人人想干事的氛围中，实现事事能干成，事事能干好。

三、分析现状——四中面临新形势

学校取得长足发展的同时，我们也应该清醒地意识到，在新阶段，学校还面临很多突出的问题，还面临新形势下更多的严峻考验。其问题主要表现为：一是抓教学质量的措施和方法依旧乏力，学校这些年教育质量提高还是靠勤学苦练而来，技术含量不高，如何打破教育质量在上升一定高度后就无法突破瓶颈还是一个十分困难的课题，高效课堂还没有真正见效。二是德育体系建设还依旧薄弱，学校要求学生强制执行的规矩多，引领学生养成良好素养的方式方法少，管理手段粗野的多，文明的少。三是师生对美好生活的向往与现实条件之间的矛盾十分突出，师生吃不舒心，住不安心，玩不开心。四是学校教师考核评价体系还需进一步完善。制度缺陷在一些局部还比较明显，还要不断修正。

我们更应清醒地看到，四中还面临很严峻的新形势：一是从国家层面看，中共中央、国务院《关于全面深化新时代教师队伍建设改革的意见》这个文件的出台，为教师提高了地位，也提出了新要求。我们教师与这个时代素质上的要求还有很大差距。二是从县级层面看，松桃县委、县政府教育复兴振兴战略全面打响，紧迫感、责任感从四面八方袭来。学校承担重大使命与责任，我们不能有丝毫懈怠。三是从学校发展层面上看，县域内其他公办学校发展很快，民办学校异军突起，给学校发展带来了前所未有的挑战，稍有不慎，四中就会被淘汰。四是从教师层面看，这些年全县教师成长快，名师渐起，高手如云，我们如不以空杯心态好学上进，辉煌将成过往，人生将步微尘。

这些问题和挑战需要引起学校的高度重视，我们要正视困难和问题，要用决战的勇气、坚定的决心、顽强的意志，把上列问题一个个解决掉，把上列挑战一个个排除掉。

四、构筑梦想——四中确定新目标

三年来的努力，学校已经实现了"全县极品"这个第一阶段目标，按照学校发展规划，今后一段时期我们的总体目标是：把四中办成全市珍品。学校重点要做好以下工作。

抓学校建设从现代化设施走向现代化文明。学校办学条件在满足够用要求的前提下，要实现从基础走向文化、从粗蛮走向高雅、从实用走向文明的转变。下一步学校规划建设重点要在校园文化建设上做文章，要用"5A"级景区标准抓学校建设，充分彰显学校处处显文、步步是景的特色，展示学校先进的办学理念，展现学校强大的办学水平，展现师生的高素质文明。

抓学校管理从规范化执行走向人性化引领。学校发展的基础阶段是加强学校管理，刚性执行学校制度。在师生的文明习惯已初步养成，师生的道德素养已基本形成后，学校管理方式要从执行走向创造，管理手段要从冰冷走向温暖，管理情感从外化走向内心，要用五星级标准抓学校管理，德育、艺术、健康、安全、卫生等管理工作，都要高起点，提档次，要质量，要让学校管理成为区域内特色示范，引领一方。

抓教育质量从苦干型滑行走向专家型飞行。要继续抓好教师培养培训工程。为满足学校高质量发展，教师培养要着重在构建名师团队、培养教学精英、打造教学能手上下功夫。要用"五好"级标准抓教育质量，要求教师教学常规做到课前准备好、教师讲授好、师生互动好、学生学习好、考试效果好。要改变过去教师讲得多、学生学得少的"满堂灌"和题海战术倾向，将教师从劳役苦海中解脱出来，让教师有更多时间研究教材和教法，提高课堂效率和教学质量。

抓今年工作重点着重解决好五大问题。这五大问题也是松桃四中2018年主要工作目标任务：一是着重解决"吃"的问题，要想方设法改变食堂环境，改革管理和经营方式，要求食堂做到环境像酒店、味道像名菜，让师生吃得安心、吃得开心。二是要认真解决"住"的问题，要求装修学生宿舍，做到寝室成家园、宿舍变乐园，让学生住得下去、睡得香甜。三是要大力解决"学"的问题，引进新课改，自我求变革新，让差的变好，好的变优，学出兴趣，学有所成。四是要全力抓好"管"的问题，用全新标准，抓全面引领，提高师生素养，共建文明校园。五是努力做好"用"的问题，要加强学校设备设施的管护与使用，要让学校物品件件是贵品，要让学校处处显文明，要管出水平，用出效果。

同志们，学校对于我们的真正意义是什么？她是我们的养家糊口之所，是我们的安身寄情之地，是我们的荣身立功之台。没有她，我们就没了根基，就没了平台，就没了寄托，就没了希望，所以我们要去爱她。我们要知道爱校如家的真正意义，因为有宽容家才和谐，不伤害家才温暖，做贡献家才兴旺。

三年来的拼搏奋斗，让四中从"大起来"迈进"强起来"的新阶段。新起点，新目标，新作为，让我们更加紧密团结，更加自强不息，更加顽强拼搏，为把四中建成全市一流初中，实现"全市珍品"这个新目标而不懈奋斗！

最后，祝大家在新的一年里身体更强壮，能量更强劲，家庭更强大！谢谢大家！

抢抓机遇，激情作为

——在松桃民族寄宿制中学2017年开学工作会议上的讲话

尊敬的各位老师、各位同志：

春天积淀往年收获的厚重，春天蕴含今年发展的新机，春天饱含干事创业的激情。在这个充满诗情画意的春天里，我们在这里召开新一年学校开学工作会，谋划今年学校创新发展，安排部署学校全年具体工作，现我向大家进行汇报，请大家审议并提出宝贵意见。

一、积淀与遗憾

站在新年起点，驻足回望。2016年，四中人怀着建设"全市一流初中"，把四中办成"全县极品"的梦想，顶着内忧外患双重压力，克服重重困难，围绕年初制定的"十件实事"目标任务，着力打造四中"五张名片"，收获的是四中发展史上厚重的积淀，为四中的发展写下了辉煌的一页。这精致的"五张名片"如下：

第一张名片是优质生源。学校是省级一类示范性高中贵阳市第一中学生源学校，是铜仁市第一中学重点生源学校，是省级二类示范性高中松桃民族中学优质生源基地，是全县优秀小学毕业生统招学校，优秀生到我校就读人数已从原来的三分之一逐渐增加到二分之一。

第二张名片是优质条件。随着学校全新的塑胶运动场、篮球场、4间计算机教室、2间录播室、3间音体美活动室、1间电子阅览室的建成，加上图书、实验设备的去旧更新，课桌椅全部换新，学校绿化、美化、文化、现代化、信息化再上新台阶。办学条件已达到最优化，一流办学条件已基本实现。

第三张名片是优质师资。全校有高级教师59名，一级教师70名，省级骨干教师2人，市县级骨干教师21人，松江名师3人，中考、县期考、单元测试命题教师10人。获市、县表彰的优秀青年教师36人，师资逐渐接近一流。

第四张名片是优质管理。学校连续两年被评为全市教育系统先进集体，先后荣获全市安全文明校园、全市先进基层党组织、全县德育工作先进单位等荣誉称号。连续两年全县综合考核总分排名第一，绩效考核一等奖。

第五张名片是优质教育。学校每年2人以上考入贵阳市第一中学，今年铜仁市第一中学录取我校学生112人，比去年翻一番。连续两年获铜仁市城区公办初中教育质量二等奖、全县一类校教育质量一等奖。很多班级学科平均分超历史水平，优秀学生人数占全县比例正从全县三分之一逐年上升至二分之一。教育质量支撑起了松桃教育的半壁江山。

这五张名片浸润着四中全体教职工的心血与汗水，是一份含金量极高的"成绩单"。拿着它，上不愧对组织和领导们的期望与嘱托，下不愧对学生家长和那千百双渴求知识的眼睛，更重要的是对得起全体四中人"教书育人"这个称号！这张优异成绩单的取得凝聚了党委政府和主管部门的关心与厚爱，凝聚了全体教职工的艰辛付出和激情拼搏。我常想，四中就是四中，四中人骨子里头的那份宽容，那份执着，那份坚韧，那份仁爱，那份不低头、不服输、不亢不卑、不自大也不自满的精气神必将伴随四中崛起在松江河畔！借此机会，我用鞠躬表达敬意，衷心地谢谢你们！

我们也有一些遗憾，我们很多事情还做得不够好，这主要表现在：一是学校德育工作的针对性不强,有效性不高,学生不良习惯在个别班级表现还很突出,违反校规校纪时有发生,学生文明素养还有待培养和提高。二是安全工作的实效性不大,隐患依旧突出。学校用较多的时间加强安全工作,班主任依旧感觉安全压力大,大大小小安全事故时有发生,有的还造成了严重的后果,安全问题成了全校教职工的心病。三是党风廉政工作的自律性还未筑牢,个别教职工学习松懈,责任心不强,自觉性不高,在规矩和原则面前把持不住,容易犯错误。四是教育工作的随意性有待规范。个别教师上班和教育教学工作随意性大,没有严格执行上级教学常规,教学效果好和差相距越来越远,有的甚至拖了学校教育质量的后腿,起了负面作用。这些问题应引起我们的高度重视,学校会拿出具体措施来应对。

二、机遇与挑战

学校近些年快速发展,得益于天时、地利、人和。学校要办成全市一流的初中,有很多机遇:一是办学条件越来越美好,后勤保障越来越有力,只要发展,经费不是问题。二是办学基础越来越雄厚,办学条件、师资水平、学校管理都越来越好,只要我们有精气神,学校就能跨步前行。三是老师待遇越来越好,学校职称评聘有很多空岗,教师晋升空间大,学校福利得到保障,政府关心支持教育,效能奖金能够按时足额发放到位,值得我们好好去珍惜。这些都是学校发展的大好机遇,我们要借势而上,顺势而为,不负时代。

当然,我们也应该十分清醒地看到,学校还面临一些严峻挑战:一是安全隐患依旧突出,安全管理常常挑战学校底线,保障学校全体师生健康平安始终是学校工作的重中之重,学校安全分管领导和安全落实部门要对学校安全工作认真研判,制定科学方案,加强校园周边环境治理,切实加强整改,彻底解决遗留问题,筑牢学校安全防线。二是学校发展形成严峻竞争态势,城区民办学校异军突起,对我校招生、质量都形成了包围之势。民办学校因机制灵活，服务水平提高，有强大竞争优势，稍有懈怠，我们就有淘汰出局的危险。我们全体教职工一定要有生存危机意识，要有敢于拼搏，忘我奋斗的精气神。我们在，四中就在，四中的辉煌就在。

三、激情与作为

面对新形势，我们要有更加饱满的工作热情，以求更大的作为。今年重点要完成以下目标任务，着重在五个方面下功夫。

第一，着力抓好办学条件改善，筑实学校发展水平线。要加强工程调度、协调与监管，争取学生宿舍、食堂、浴室建设完成，年底投入使用，结束学生吃住拥挤的局面。要实施文化润校工程，绿化、美化、净化校园环境，根据校园文化规划，继续建好"十景观"中的两室文化、走廊文化和书山路，努力把四中打造成全县校园文化建设示范校。

第二，着力抓好教学质量提高，夯实学校发展生命线。要加强教育教学管理，严格执行教师教育教学常规，加强教育科研工作和现代教育技术的管理与使用培训，加强学科教学高效研究，创建县级教育教学管理示范校。狠抓毕业班工作，确保2017届毕业班中考5人进入全县前10名，40人进入全县前100名，超过100人考入省级一类示范性高中铜仁市第一中学，超过400人考入省级二类示范性高中松桃民族中学，总分、平均分进入全市公办学校前8名，各年级总分、平均分呈增长态势。要加强德育、文体艺术工作。通过举办文学社、书画院、三味书屋，开展运动会、艺术节、三生四爱、五心五好、"4+2"特色教育活动及各类学科和技能竞赛，使学生整体素质得到明显提高。

第三，着力抓好安全卫生管理，拉紧学校发展警戒线。要加强德育、卫生、健康工作，开展"四在学校（即吃、住、学、乐在学校），幸福校园"活动，创新食堂及学生宿舍管理方式，创建全市寄宿制学校管理示范校。要加强安全保卫及社会治安综合治理工作，创新安全教育、安全管理手段，创建县级交通安全示范校、消防安全示范校，创建省级安全文明校园，确保 2017 年全年学校安全零事故。

第四，着力抓好党风廉政建设，严防师生行为触碰高压线。要加强思想政治教育和党风廉政建设工作，强化纪律和规矩意识，做好精准扶贫和教育帮扶工作。做好学校廉政文化建设工作，确保全年本校无任何违法违纪行为，教师不受任何纪律处分。要依法治校，推进校务公开，加强学校经费收支监管和民生资金规范发放，保障教师权利福利，让经费使用透明，政务在阳光下运行，教师享有更大的参与权和知情权。

第五，着力抓好师资两基工作，筑牢学校发展保障线。要加强师德师风建设，大力实施继续教育工程，切实加强骨干教师、名师及年轻教师的培养培训，实现学校有"名师工作室和名校长工作室"，市县级骨干教师达到"双20"。要加强"9+3"工作，确保辍学率控制在 0.2% 以内，巩固率在 90% 以上，初一招生控制在 1100 人内，完成中职招生任务。

这些工作主要目标任务及办法措施，学校已形成工作计划印发到各科处室，并将电子版转发到学校群里，请各位教职工认真阅读，找准目标方向，各科处室要严格按照学校工作计划对标对表，拟定目标数，明确责任人，绘出路线图，完成新任务。

四、感受与感动

来到四中近三年，感受到四中有一种文化精神，就是利他，我们的教育其实就是利他文化的真实写照。利他就是去了解人、培养人、发展人、成全人。忽然想到有句歌词"只要你过得比我好"，用它来谈谈内心的感受。

"只要你过得比我好"是一种修养。 要想把四中办好注定要招来很多中伤，受到很多委屈。作为一个四中的引路人，必须经受得了这样的考验，受不了气肯定也当不好校长。只要学校过得比我好，我个人受再大的委屈也算不了什么。

"只要你过得比我好"是一种情怀。 我曾说过，当年来四中是工作需要，是组织的安排。我是党员，不管是否愿意都必须来。也曾想自己只不过是四中的一个匆匆过客，就像天空划过的一片云彩不会留下任何痕迹。但来到四中近三年的时间里，我被老师们的赤诚教育着、感动着，我的血液里渐渐渗透着对四中的忠心和热爱。评优的时候，毕业班评奖金的时候，几个副校长说，校长必须评个优，都被我拒绝了。我是想，只要教师们有希望被认可，只要老师过得比我好，其他又算什么呢？

"只要你过得比我好"是一种责任。每当夜深人静的时候，我常常想，这又苦又累、又担风险、压力又大、又不讨好的事干得有什么意义呢？回想这半生，我出生在一个极贫的农村，曾经历衣不遮体、食不果腹的童年，加上青年的多灾多难，我体会到什么是成长。组织给了我很多荣誉和信任，当社会需要我做事的时候，怎么可以有半点儿推辞？我们把学生培养好，让他们今后生活更加幸福，只要学生过得比我好，个人得失又有何关系呢？

"只要你过得比我好"是一种至高至上的境界。我们很多人都自觉或不自觉地提升着这种境界。正是这种轻自己重他人，为他人忘自我的牺牲和奉献，才让四中由弱到强，走向辉煌。只要你过得比我好，什么事都难不倒我。让我们心存美好，不忘初心，负重拼搏，为建设更加美丽幸福的新四中而努力奋斗！

老师们、同志们，来不及与 2016 年挥手告别，我们又开始和 2017 年的每一天说再见。时间很快，转眼之间我来四中就快三年。近三年里，我常常被很多老教师的高尚品行感动：学校有困难，缺少老师，安排老教师付宗祥带初三，并跨级带两个班，他不推诿。派老教师龙安保带两个班，要求他坚持一下，他说你不要担心我，我还能上。上星期欧海华老师打电话给我，要我给她调班，主动去承担更多工作任务。杨金铃老师是我师范时的班主任，看到我经常称我校长。像唐云孝老师、杨春燕老师、杨秀英老师、杨兴友老师、唐善金老师、罗志坚老师等很多即将退休的老教师至今仍承担繁重的教学任务却从不在我这里提要求。我自认为很敬业，但与很多老教师比，还真不能保证 50 岁以后的我还有他们这样的境界和高度。也许对于他们来讲自己的所作所为可能真的很平凡、很普通，但他们这份大道至简、大义至善的巍巍师德真的很崇高、很伟大。

我们学校也有很多中年教师尽管处境艰难却依旧尽职尽责默默坚守，很多年轻教师不甘落后，在成绩统计表上逐渐把名次提前，来证明自己在学校的价值。在这段与四中教师相处的时光里，我对很多老教师从开始读懂到后来敬仰，我对很多年轻教师从开始关注到后来由衷赞叹，我从最初不情愿来四中到后来感觉很珍惜。是教师们这份敬业、执着、坚韧教育着我，洗涤我浮躁的心灵，让我更加脚踏实地为四中效力。很珍惜和大家相处的缘分，我自身的毛病很多，发自肺腑地恳请大家经常提醒我。

2017 年，我们祈祷，所有的不愉快一去不复返；我们同心，撸起袖子一起加油干；我们坚信，四中和四中家人一切都好！

我们走在大路上

——在松桃民族寄宿制中学2016年开学工作会上的讲话

同志们：

大家早上好！根据会议安排，现在我向大家汇报工作，请大家认真审议，会议征求意见表已印发给全体教职工，请大家提出宝贵意见和建议，以便我们改进工作。

一、比一比——比出成绩和差距

对比过去，总结取得的成绩，厘清存在的问题，找出困难和差距，储蓄发展能量，力争更大进步。

上一年我们主要取得了以下成绩：基本办学条件与过去相比可谓今非昔比，实现了真正意义上的一流。在师资水平方面，中青年教师正成为学校中坚力量。在学校管理方面，与以前相比，也日渐规范，逐步向精细化管理迈进。在教育质量方面，与往年相比，正是稳中有升，优秀学生人数正从占全县三分之一逼近占全县二分之一。工作任务与规划对比实现稳步推进，学校规划的三年要办的实事，时间过半，任务也已过半。这些成绩的取得是各级党委、政府坚强领导的结果，是上级教育主管部门指导、关心、帮助的结果，是全体教职工不畏艰难、不怕困苦、奋力拼搏、锐意创新、开拓进取的结果，在此，我代表学校向你们为松桃四中默默无闻地奉献表示衷心感谢和崇高敬意！

我们在对比中寻找存在的差距，主要表现在以下几个方面：一是办学硬件上去了，校园文化软件有差距。校园文化建设在提炼、规划、实施、宣传等方面还没有形成系统，文化引领功能发挥不够好。二是师资力量总体增强了，名师、骨干教师科研有差距。学校名师、大师较少，教育科研意识和能力都不强，没有起到示范引领和辐射带动作用，名师功能还未得到真正发挥。三是学校管理逐步规范了，精细化管理水平有差距。学校目前的管理是严管、多管，强制性有余，人文性不足，学生素养未能真正提高。四是教育质量渐渐提高了，名校品牌质量有差距。教育质量在松桃县内比过去有了很大提高，但与县外比，与发达地区的学校比差距还很明显。学校教育质量提高的空间还很大，在提高方法和路径上还没有清晰的思路和科学的操作方法。五是工作任务逐项落实了，落实措施效果有差距。学校所安排的工作任务逐项得到落实，但因标准不高，要求不细，工作推进显得很粗放，在精细上做得不够好。这些问题看似是小问题，其实反映的是我们思想上的大毛病，会影响我们对工作的指导，进而影响学校高质量发展，我们必须认真对待，切实改进工作作风，调整工作方法，提高我们的管校治校水平。

二、想一想——想出路径和方法

深刻总结经验，认真思考问题。仔细想想，学校发展面临如下困境：一是国家政策规矩越来越严，如严禁不按计划招生，不得开除学生，不得乱发奖金补贴，严禁有偿补课，严禁学校按考试成绩分班，等等。这些都是红线，我们不能违规办学，这些制度和规矩倒逼我们要改变以前的套路，接纳和改变才是我们智慧的选择。只有在改变中找到发展先机，学校才能在改变中出现新的变化。二是竞争和压力迫使我们寻求新的动力和出路。学校正面临更大的竞争压力，几所乡镇学校异军突起，其办学质量和水平正形成包围之势，有的已超过了城区学校教学质量，城区内公立学校和私立学校的竞争风起云涌。以前是"四中独大"，现在要从"一月三星"变成"三驾马车"并驾齐驱，或变成"四方诸侯"平起平坐的局面。家长选择面更广，对学校招生造成了严重冲击。社会对学校中考成绩的关注度前所未有地增大，所有这些都要求我们必须寻求新的发展之路。

想一想，我们的路径和方法有哪些？提高我们的教学质量是学校的生存之本，如何提高教育质量？重点要在以下几个方面去下功夫：

一是保住优秀生源，提高教学质量。全县优秀小学毕业生慕名而来，每个乡镇来的学生都是四中在那个乡镇的一个广告牌，他们学成而归就是对四中最好的宣传。学校要始终做到教育好每一个选择到四中来就读的学生，让来四中读书的学生学业有成，未能来四中读书的学生心里有向往，从四中走出去的学生对学校很依恋。

二是要加强班级管理，提高教育质量。我们注意到，大凡管理好的班级学习风气就好，学生成绩就好。科任教师有一定影响，但班主任起决定性作用，尤其是实验班班主任，身上肩负的责任和使命更大，你的一届失败对你的职业生涯来说只有三年，不算什么，但对一个班几十个学生来说，可能事关他们的命运和前途。所以，学校任命一个班主任从某种角度上讲可能比任命一个中层领导重要。中层领导干不好工作最多是该部门办事效率差，工作效果不好，可能不会直接影响育人质量；但班主任干不好工作，几十人的前途就可能被毁。学校管理不要粗放，要精细化。松桃教育与铜仁市西部五县的最大差距就是在文化沉淀下的性格差异，西部五县的人性格细腻，干什么都有板有眼，细节决定平安、细节决定成败、细节决定命运，我们经常输在这上面，我们得向他们学习。所以，班主任一定要去研究你的班级管理，向管理要质量。

三是优化课堂效率，提高教育质量。大家认真思考，为什么面对同样的学生，上课时间相同，而有的教师教学质量好，有的教师教学质量差呢？其主要原因就在课堂效率上。教育的"五苦精神"（政府苦办、学校苦抓、教师苦教、学生苦学、家长苦送）值得倡导，但新常态下教师们也要转变观念。教师上班时间少了不等于休息时间多了，要用休息时间思考工作；学生上学时间少了不等于学习时间少了，学生学习时间要向课后延伸；上课时间少了不等于教育质量差了，要从高效课堂上找教育质量突破口。上一节课要像一节课，干一天的工作要有一天的效果，这就要研究教法确保有效传授，研究考纲确保重点把握，研究学情确保高效接收，研究作业确保有效督查。

四是强化督查考试，提高教育质量。第一，学校不再设教学质量提高奖，但把教学质量提高作为加分项纳入对教师的综合考评，给优秀年轻教师机会，在教育教学中统考成绩排名在全年级同类班级同科第一名且平均分远远高出其他班的教师，在评优时特殊考虑。第二，严肃考风考纪，初三月检测一律实行单人单桌，考试阅卷严于中考。第三，强化优生宣传，对每次考试成绩优秀学生要设学习明星奖，高调表扬，一律宣传嘉奖。同时要在全校每期设立学习先进班集体，对学习氛围好、学习成绩优的班级给予集体表彰奖励，大力营造好学争先的良好学习氛围。

五是不断学习和反思来提高教育质量。好教师其实就是好质量，一个好教师最显著的特征就是会学习和反思。学习是增自己所长，反思是找自己的不足，谁做好这两项，谁的进步就大。和你身边的人比，天长日久有差距，真正的差距也在这两项。学习与反思是成长的最佳营养品，我们要"吃好喝好"来提高自身专业素养，进而提高自身教学水平，提高教学质量。

三、争一争——争出业绩和品牌

请大家为学校争个光。教学质量是学校最大的口号也是最好的广告，质量站出来，一切声音都会沉默。每年中考成绩统计，中考状元在哪儿，500分、600分有多少人，这都是学校的光环，一个光环胜过十个奖牌，一份中考喜报胜过无数招生宣传广告，一张中考光荣榜胜过十场经验交流现场会。四中教育质量不好就不是松桃四中，四中教学质量挤不进全市前十名就不是全县最好的中学，四中抓不好教学质量在外面就没有话语权。所以大家要同德同心，同舟共济，心往一处想，劲往一处使，用自己的智慧和力量抓好教学质量来为学校争光，让松桃四中这面教育质量大旗始终在苗乡大地上空高高飘扬。

请大家为教师争口气。四中教师要靠实力说话。四中教师为优秀教师代言，不是优秀教师你来四中干什么？混日子不应选择当教师。四中教师要会比，别人能干好，我们凭什么干不好？干不好，我们在四中怎么"混"？四中教师要会拼，要找机会出场，不出山则已，出山则争第一。四中教师在，学校教师与别校教师之间的差距就在，去争一争，干出业绩和品牌，不为别人，为自己的价值和尊严！

《我们走在大路上》这首歌有几句写得好："我们走在大路上，意气风发斗志昂扬，共产党领导革命队伍，披荆斩棘奔向前方，向前进、向前进，革命气势不可阻挡，向前进、向前进，朝着胜利的方向！"我们走在大路上，我想，只要我们方向不错，团结一心，勠力奋斗，就一定能到达胜利的远方。

谢谢大家！

风正好扬帆

——在松桃民族寄宿制中学 2018 年毕业班工作会上的讲话

同志们：

刚才，教务处通报了 2017 年毕业班中考情况，并就近三年来各届中考数据进行了详细分析，所有分析统计表人手一册已发到大家手中，现在我把相关情况进行总结并就下一步毕业班工作进行具体安排。

一、从近三年中考看四中进步

从《松桃四中近三年中考单科评价指标分析表》中，我们可以看出各科的变化：语文增长 7.07 分，看似增幅小，其实很不容易。数学增长 14.52 分，增长速度快，说明学困生数学成绩在提升。英语回落 16.75 分，学校学科优势没得到最好发挥。理综增长 28.25 分，呈直线上升趋势，学校短板增高。文综增长 28.24 分，新增考试科目没落后。体育增长 1.45 分，还有增长空间。由此可以得出如下结论：六项指标"五增一减"，单科成绩进步明显。

从《松桃四中近三年中考综合评价指标分析表》中可以看出各科优分和低分的变化：全县前 10 名、前 100 名人数从三分之一涨到二分之一，优分学生增长 132 人，优良率增长 19.04%，被铜仁市第一中学（省一类示范性高中）录取的学生从 50 人左右上升到 100 人左右，实现翻番。总分及格率增长 19.86%，省级示范性高中录取率达到 55.7%。低分率逐年降低，已控制在 10% 以内，补差工作卓有成效。总分平均分三年净增 41.29 分，平均每年增加 20 分，增长率 9.17%，基本实现每年 10% 的跨越式增长。由此数据分析我们得出综合结论：优分人数上升，低分人数下降，教育质量整体提质升级。

从《松桃四中近三年中考个别提高班教学质量分析表》中我们可以看出，提高班级人数都多，是典型的大班额，但 2017 年中考各提高班总分平均分都高，提高类班级第一名，远远高于全校平均水平。在提高班内，优秀学生入学时已被挑选，依旧有学生进入全县全级前 100 名，有多人考入铜仁市第一中学，很大一部分考入松桃民族中学（省级二类示范性高中）。低分率都很小，提高班并没有多少学困生，培优补差取得了很好的成效。由此我们得出的结论是：班级管理好能出高质量，班级人数多也能搞好质量，只要用心尽力，提高班的教学质量能赶上实验班。

从《松桃四中 2017 年中考提高班各项指标分析表》中我们可以看出：全校前 100 名，提高班占近 40%；700 分以上人数，提高班占 40%；铜仁市第一中学录取人数，提高班占 35%。初一分班时优秀生已经被实验班选拔走，即使有漏网也不会有这么多，这些优秀生都是后期培养的。松桃民族中学录取人数，提高班占 67%，如果没有提高班的教育质量，那松桃四中教学质量就没有这么好，提高班教学质量在松桃四中教学质量这个大厦中起到了强大的支撑作用，功不可没。由此我们得出：抓好提高班管理，大面积提高教学质量，不忽视、不放弃学困生，学校才会有优良的教学质量。

二、从今年中考看四中差距

刚才我们对近三年学校中考成绩进行分析，总结了学校教育质量取得的持续发展和进步，但也要清醒看到，我们的教学还有很多短板，还有很多问题和不足，还有很大的提升空间。

从《松桃四中2017年中考单科与全县、全市对照表》中我们可以看出：单科平均分与全县最好的学校比，除英语有绝对优势外，其他都只有微弱优势，语文、理科综合还落后于永安乡中学，文综政治落后于永安乡中学、普觉镇中学。单科平均分与全市单科成绩最好的学校比，除文综稍好外，其他都相差10分以上，英语相差20分，差距明显。因此，我们得出：单科成绩不是我们想象的那么优秀。考全县第一是应该，考全县第二就是失败。全县第一岌岌可危，全市第一山高路长。

从《松桃四中2017年中考实验班各项指标分析表》中我们可以看出：进入初一分班时全校前100名，实验班至少占90%，三年过去了，700分以上人数、铜仁市第一中学录取人数，实验班都只占60%，还有至少30%呢？不管是什么成绩入口，是不是每个班都有30%的学生成了我们教师关注不到的对象？如果实验班能有75%的人超过700分，我校就有190多人是700分以上，铜仁市第一中学初中部700分以上也只有198人，谁还会说我们优生没培养好？初一180分以上入口，75%的学生考700分是有很大可能性的。分析这些数据我们得出结论：实验班没考好，优生不算优，实验班的教学质量走进死胡同。实验班培优是我们现在要研究的重点课题。

从《松桃四中2017年中考提高班单科平均分、总分对照表》中我们可以看出：生源平均的班级，三年过后单科每科最高分和最低分相差最少11分，多数在20分以上，最多相差了33.8分，教师个人业务水平严重影响本科平均教学水平。英语、理综单科平均分与数学相比都相差5到10分，学科短板严重影响学校综合水平。同类班级，最后总分平均分竟然相差93分，这93分要其他班学生多少分来填补？假如你的班70人，人均少93分，共少6510分，分在948个考生上，平均每人要多考6.87分，如果我校总平均分加上这个分，排名会超过多少学校？班级管理水平的差距严重影响总分、平均分在全市的排名。分析这些数据我们得出综合结论：每人、每科、每班的短板都严重影响全校的教学质量，大家好才是真的好！

从《松桃四中2017年中考700分可能性名单》中我们可以看出：我校690~699分共30人，体育未考满分导致未超过700分的就有18人，690分以下，如体育能考满分或者加上照顾分，可能超过700分的有30人。考得最好的乡镇中学700分以上人数还没有我们失误的多，如果我们将这类问题处理好，成绩将远超铜仁市很多名校，可能进入全市前五名。加强体育训练，除非特殊情况，学生都是可能考满分的，班主任和体育老师要好好反思一下。分析这些数据我们得出结论：仅靠实干是不够的，搞教育更需要有智慧，更需要科学的方法。

三、2018届毕业班提质路径与对策

一要盯目标。 2018届中考教育局下达任务：700分以上277人，640~699分245人，480~639分289人，320分以下168人。特别是700分以上目标数比2017年要翻一番，这目标是有点儿高，要我们跳起来摘树上的桃子。学校把目标已下达到各班，多少不要再去争论，不要去抱怨，各班要按20%的上浮比例锁定好培养对象，班主任、科任教师及学生要人人皆知，每次月考要逐一对照，如有下滑马上谈话做工作，分析原因找对策，不让一人掉队。全校教师要有"700分以上学生数"这个优生意识，700分以上人数是社会对四中评价的核心要素和重中之重，700分以上人数不达标即宣告失败。

二要抓对象。 要抓实验班这个大数。力争700分以上学生目标分布任务数有242人在实验班，占87%，即成也实验班，败也实验班。学校要想方设法抓好实验班管理，营造好实验班教风、学风，经常研究问题和对策，决不允许任何一个实验班失败。要抓提高班多数。提高班700分以上目标虽然只有35人，但增长空间大，考700分以上的可能性大，且绝大部分学生要考入省级示范性高中，学校总分、平均分要上升，重点在他们。所以，对任何一个提高班都要以实验班对待，使其发挥出最大效率。要抓

教师极少数。学校不允许任何一个班掉队，班级不允许任何一科有短板，每一个初三教师都事关这场"战役"的成败，决不允许任何人以任何理由拖本届初三的后腿，学校输不起，你想退出还来得及。所以抓好关键少数教师就成了本届初三毕业班领导小组的一个重要事情，极少数教师的作业、月考、成绩，学校领导都要检查审阅，有问题及时谈话和处理。在这个问题上，学校只针对事不针对人，只谈工作，不讲人情。

三要找路径。要在辛勤耕耘中创佳绩。在你的教学业务和水平还跟不上的时候，勤奋是最好的路径。程度不行力度补，深度不够态度补。不要简单认为上课水平高课堂质量就高，不要错误认为学生素质好教学质量就好，有苦才有乐，有付出才有收获。要在有效管理中创佳绩。"琼娜燕"经验（提高班班主任抓教学质量的经验）告诉我们，有效管理能创造最佳业绩。各班级要成立班级纪委提供环境保障，要制定个人学习目标每考必清，要成立学习互助组共同提高，要强化全县竞争意识只准进步不准退步，要建立奖惩机制营造学习氛围，要时时处处体现四中精神。要在高效研究中创佳绩。我们教学三大问题——课堂容量小、教师讲得多、学生解题差，严重影响教学质量提质升级。每一位老师要在高效课堂上认真研究，要认真研究考纲和中考说明，要从浩如烟海的资料中提炼出哪些要重点讲，哪些应该讲，哪些不讲。要让高效课堂成为我们四中老师始终不懈的追求，要让高效课堂取代老师和学生的苦学苦教，让教学真正充满科学和智慧。

四要重过程。学校重政策措施。学校成立以校长为组长的毕业班工作领导小组，重点抓班级管理和教学质量两个领域，着重强化评价调控、考试调控、常规调控等三项调控，坚决落实人才优先保证、事项优先研究、工作优先安排、问题优先解决等四个优先，扎实做好定好策、用好人、开好会、解好难、督好阵这五项工作。部门要重监督落实。教务处要重常规管理，安排好月考期考，做好质量分析反馈。教科处重教学研究，指导教师构建高效课堂，弄清考纲考点，实现高效教学及复习。政教处管教管导，强化班级管理，构建优良学风。保卫科构筑安全屏障，实现和谐平安。总务处无条件地为毕业班提供后勤保障。师生重执行反思。各教师对毕业班工作无条件执行决议决定。上什么课，什么时候上完课，何时月考阅卷，何时补课上课，怎样上课阅卷，这都要严格按学校通知执行。教师要经常反思自己在教学中存在的态度方面的、业务方面的、技术方面的问题，不断总结经验教训，实现业务和质量快速提升。

五要看结果。要把每次月考结果看成中考结果。学生体育纳入期中、期末考试，记入总分，从现在起就确定学生体育考试项目，每次考试各项以最高分记入总分。每次月考要有质量分析和通报，要有谈话和整改措施。

同志们，质量决定一切，没有选择，没有退路，不可尝试，只有成功才是唯一的道路。抓好初三教学质量是为松桃教育荣誉而战，为四中闻名而战，为信任我们的家长而战，为我们自己而战。风正好扬帆，让我们趁势而上，顺势而为，以人一之我十之的贵州教育精神，以敢为人先、勇争第一的四中精神，吹响四中2018届毕业班冲锋号，擂响抢占全市初中教学质量制高点的战鼓，为夺取2018届中考新胜利努力奋斗！

拜托大家，辛苦大家，谢谢大家！

让平安健康与我们永远相伴

——在松桃民族寄宿制中学 2020 年学校安全工作会上的讲话

同志们：

刚才杨祥副校长组织学习了上级相关安全工作文件，传达了相关安全工作会议精神，请大家认真领会，会后去落实好，执行好。现我结合学校实际，就学校相关安全工作讲几点。

一、分析总结现状，安全形势总体平稳，潜在隐患不容忽视

对近期学校安全工作进行现状分析，全校安全形势总体趋向平稳。半年以来，学校出现了 2 次学生闹矛盾，但都在学校的及时处置下被有效化解，学校没有发生任何安全责任事故。学生纪律教育、养成教育得到加强，学生文明素养有了很大提升。尤其值得称道的是，在杨祥副校长的亲自指挥下，校园及周边环境得到专项治理，多年来无法解决的校门口摆摊设点的顽症也得到了解决。学校安全工作做到了平安、扎实、高效。

但不可忽视的是，我校安全工作依然存在短板，主要问题有以下几个方面：一是监管有空档。中午和下午放学后，教师下班回家，值班值周巡查不严格，监管失控，会出现无人监管或管不到位的情况。二是打架有苗头。学生之间因一些小事就打架甚至打群架的现象时有发生，学生处理问题方式简单粗暴，打架苗头时常存在。三是事故有征兆。一次事故发生是多次隐患积累所产生的后果，有些事故早已有征兆，但因我们麻痹大意，未能及时化解和处置，小事酿成大祸。像学生翻围墙、女生夜不归寝等都是事故征兆，要引起我们的高度重视。四是平安有隐患。学校的安全隐患在不同时间段会以不同形式出现，学生下河洗澡、楼道踩踏、打架、骑摩托车上下学等安全隐患在我校长期存在，务必要下大力气长期整改，确保学生健康平安。

二、提高思想站位，充分认识安全工作重要性，时刻绷紧安全这根弦

要高度认识学校安全工作的重要性。安全重于泰山，学校的安全稳定关系到青少年、儿童的生命安全和健康成长，关系到学生家庭的幸福，关系到教育系统的安全稳定。我们讲以人为本，首先要以人的生命为本，科学发展首先要安全发展，和谐社会首先是安全社会。教育可以弥补，生命无法重复。一个学生出了事故，对学校只是几百分之一，但对于这个家庭，却是百分之百。一旦发生安全责任事故，损失重大、影响广泛，可能造成无法挽回的后果。

要充分认识学校安全工作的特殊性。现阶段学生心理健康问题多发、频发，个别学生甚至走极端，一旦发生自残事件，学生就有生命危险，如果处理不好就会在社会上造成不良影响，给学校发展带来严重阻碍。可以说保安全就是保质量、保学校、保稳定、保帽子、保饭碗、保家庭、保幸福。安全事故惹不起、伤不起、赔不起、耗不起。

要充分认识学校安全工作的复杂性。学校安全工作涉及方方面面，安全隐患防不胜防，特别是现阶段一些安全问题隐藏在人的身上，其复杂性超出我们的预料，不知何时爆发，这给我们做好学校安全工作带来了全新挑战。可以说安全工作任务从来没有这么重，压力从来没有这么大，关注度从来没有这么高，扩散从来没有这么快，影响从来没有这么广，追责从

来没有这么严。

这就要求我们，必须要始终牢记学校安全无小事，时时绷紧安全工作这根弦，把学校安全工作做细做实做到位，让学校始终在平安轨道上运行。

三、紧盯关键环节，重在教育防范，扎实做好各项工作，确保一方平安

做学校安全工作要睁大眼睛去发现问题，要开动脑筋去思考问题，要勤动双手去解决问题，要费心尽力去落实问题。其主要程序是排除安全隐患，加强安全教育，做好过程监管，做好工作记录。在我们学校，要重点做好防溺水工作，要做好防打架工作，要做好防踩踏工作，要做好交通安全工作，要做好食品安全工作，要做好住校生、校外租房学生安全工作，要做好留守学生，问题学生，特殊心理、特殊生理疾病学生，单亲家庭子女的安全工作，要控制好智能手机进校园，要管控好网上舆情。主要在以下几个方面下功夫。

一要加强安全教育，构建学校安全意识防线。

班主任重点抓好安全教育。要把防火、防盗、防水、防伤、防震、防灾、防毒、防邪、防骗、防渗透、防传染病、防打架作为重点预防教育，要注重交通安全、食品安全、上网安全、生命安全等教育，要把这些安全教育做实做细，要根据保卫科的安排，根据各个时段的特殊任务，根据本班的学生情况进行全方位有侧重的安全教育；所有教育都要有记录，所有学生家长的处理事项都要认真记录完整并有家长签字。

政教处、保卫科重点抓好管教和协调。保卫科处理学生事件也应有完整的询问笔录，研究处理学生要有专项会议记录并有分管副校长审批意见，完善相关处理协议，需家长签字同意。教育和处理学生必须依法依规，遵循重在教育保护原则，尽量客观公正，严禁简单粗暴，更不允许有违规违纪行为发生。各班由班主任选择时间请政教保卫人员对本班学生智

能手机进行不定时全面清缴，缴后贴上标识封存，选择合适时间清退给家长。要特别做好体育考试和中考安全工作。

二要加强安全管理，拉紧安全监管红线。

要把安全规章制度健全。逐步建立和完善学校安全管理相关制度，编印成册，师生人手一份，该存档的存档，该上墙的上墙，做到工作有法可依，有章可循。要把安全人员安排到位。学校要按上级要求聘请足够的保卫人员，配齐配强政教、保卫干部，确保安保人员到位，人人有安全责任，事事有人员落实。要把安全管理工作做细。教师要做好查堂查夜工作，主动了解班级学生的安全情况。学生上课出事，教师未查人数、未反馈、监控不到位是第一责任，早读、体育课、下午课、实习老师课、老师代课尤其要注意。只要学生未到，科任教师第一时间向班主任通报，如果查无此人及时向学校反馈。要把安全漏洞堵死。学校对全校安全隐患组织全面排查，全面整改。学校不能整改的，及时向上级主管部门报告。相关部门要对学校安全隐患提前预知，防患于未然。要强化安全管理，全面设防，确保学校安全。

政教保卫要做到看好门、管好人。要落实好安全工作的几项要求：一是校门保安必须保证平时两人到岗，上学放学时段学生流动高峰期三人在岗，值周教师上学、放学要到位值班。任何车辆和人员未经核实身份、登记不得进入校园。住校生中午、放学和周末未经请假不得外出。二是学生宿舍区工程完工后禁止任何学生从后门进出，食堂、超市进货车辆随进随关，学生宿舍区内不得停放任何车辆。三是宿管办核对清理住宿生，完善好相关信息，对入住、不住要有严格的审批程序，及时更正和补充相关数据和信息，学生宿舍每晚必须查夜，必要时对重点寝室怀疑对象凌晨复查。四是班主任要完善班级学生信息，特别是监护人电话号码，对重点管控对象要保存几个联系电话，随时能联系到监护人。要严格班级考勤管理，学生请假必须核实事由，家长同意后再审批，班上要有专门负责考勤的班干部，每节课有未到学生，班干部必须在一分钟内电话报告班主任，班主任在五分钟内联系家长找人。一节课未获得学生信息的班主任要报政教处、保卫科和分管副校长，组织相关力量全面寻找。五是科任教师每节课上课前的首要任务就是核对学生数，对未请假未上课的学生当堂核实报班主任知晓，不能只发短信了事。科任教师是课堂学生安全的第一责任人，出现安全事故要负全部责任。

三要加强隐患排除，筑牢安全管理底线。

要经常排查学校安全隐患，发现问题及时整改。现阶段学校主要的安全隐患：学生翻围墙，校外租住学生跟社会人员混，学生周末下河洗澡，上网建群传递不良信息，等等。对这些隐患，学校要拿出具体可操作且有针对性的措施，切实彻底排除。

要开展防溺水、防交通事故、校外租住房学生安全防范专项治理。政教保卫继续安排专人在中午、下午对重点河段巡逻巡查。各班排查骑摩托车上下学学生，专项清理学生特别是女生在校外租住无人监管的情况，劝其到校住宿。对违纪学生一经查实，严肃处理。

分管安全副校长、保卫科、政教处要认真履职，专项整治，彻底排除隐患，确保平安。安全信息员要做好工作。

四要做实心理健康工作，保护特殊群体生命线。

一是教师子女的教育问题应该引起我们高度关注和理性思考。我总结我校教师子女教育现状是：表面上关心，但并没有真正走进孩子的内心；心理上虚荣，把我们的梦想强加在他们身上；教育上强势，方法常常简单粗暴不考虑孩子的感受；心灵上溺爱，学生心理脆弱经不住任何打击；监管上缺位，放任自流、听天由命、无拘无束。这样教师子女很容易出问题。我们既是家长又是教师，要改进教育方法，教育好自己的子女。

二是优秀学生的教育问题应引起我们的高度关注和理性思考。优秀学生大多压力大，学习紧张，得不到释放；焦虑重，身体疲惫，得不到宣泄。我们应特别关注学生心理健康，加强心理辅导，为学生找到释放压力的路径，注重情感教育，加强情感沟通，让学生感受幸福和快乐。关注优生、后进生，加强挫折教育，让学生学会坚强和奔跑。

三是老师的健康问题应引起我们的高度关注和理性思考。这些年教师责任重、压力大、焦虑多、家庭难、地位低、性情柔，很容易出现心理问题和身体健康问题。我们教师健康意识要强，要有良好的生活习惯，出行注意安全，特殊天气、特殊时节尽量不外出远足，禁止开车疲劳远行。要高度关注家庭成员健康，对家庭成员要体谅、包容、相守和相爱。教师要善于释放工作压力，工作压力不能太大，教书是一辈子的工作，不要求你创造奇迹，尽本职而已，压力和怒气不能向学生转移。教师生活负担不要太重，平淡才是幸福。多交几个知心朋友讲知心话，有困难找亲友来分担，千万不要自己硬扛。有困惑和误会找领导沟通，让自己心里明白，不要藏在心里让自己受罪。

五要爱岗敬业履责，守好人生发展平安线。

一是要站好自己的岗位，守好自己的领土，这既是对组织负责，也是对自己负责。作为一个教师，看好自己的门，管好自己的人是第一职责。看好自己的人才能搞好教育，每位教师的第一职责是保证学生安全，没有学生谈不上教育。所以教师上课一定不要迟到、早退、旷教，早晚自习、音体美课、实习课、代课、班会课、补课、值周更要到位到岗。上课前一定要记得清点学生人数，学生未到要第一时间反馈给班主任和家长，人的事没厘清，不要上课，这应是教师的职业习惯。

二是要保护好自己的职业安全。教育越来越难办、书越来越不好教，要求越来越规范、管理越来越严格，要求我们做任何事情、对学生采取的任何教育手段一定要不违法违规，教育方法不能简单粗暴。凡是学生的问题要正面回答，批评学生要正面批评，任何体罚措施都不能用，教育学生后要做通思想工作，成绩不达标不得以任何形式处罚，以排座位方式处罚学生是实施冷暴力。这些是师德基本规范，教师最容易在这上面出问题，应当尽量回避，不犯职业错误。

三是要有安全的心理状态。我们今后要慎重接收每一个转学生，不要轻易担保外来学生，必须转来的学生要办好审批手续。借读、借班上课更是高风险，必须马上纠正。教师对事故一定要敏感，不信谣不传谣，不随便在媒体上发布图片和视频。媒体的力量无穷大，你的一次随意可能会酿成终生大祸。发生不正常事故，万分之一的偶然往往会成为必然。事故发生也正常，教育系统十几万人，不可能不出事，不要有思想包袱，尽力把工作做细做好，该怎么干还怎么干，不要过于担心。把各项工作做好，做到问心无愧就好。

同志们，学校安全无小事，平安健康是大福。请大家牢固树立安全意识，强化安全责任，防范安全风险，做实安全教育，堵住安全漏洞，落实安全措施，强化安全监管，尽一切努力把四中建成平安四中、健康四中、幸福四中，让平安健康与我们永远相伴！

老实做事，干净做人

——在松桃民族寄宿制中学 2020 年党风廉政建设工作会上的讲话

同志们：

刚才，姚松楠书记传达了全县教育系统党风廉政建设工作会相关精神并组织学习了相关文件，请大家记在心里，落实到具体行动上。现我就学校 2020 年党风廉政建设工作再讲几点。

一、请大家对照几个问题

我校始终把加强党风廉政建设工作作为重要任务来抓，学校多年来，党、政风清气正，教、学一片春风，但也存在一些问题。

在政治意识方面，极个别同志政治意识淡薄，忘记初心，忘记入党誓言，言行不如普通群众。明令禁止不可为仍为之，有的找借口不上班，有的把上班当副业，有的在工作中混日子，个别党员未能起到先锋模范作用，个别人言行不像人民教师。

在大局意识方面，极个别同志缺乏责任担当，凡事先私后公，先己后人，做事拈轻怕重，利益可争便争，责任能推就推。干事无组织无纪律，只谈权利，不讲奉献，只要组织照顾，不要组织约束。

在精神状态方面，极个别同志干事畏首畏尾，对自己工作该干什么、怎么干心中无数，害怕吃苦，不敢创新，缺少干事创业的精气神。

在规矩意识方面，极个别同志对学校规章制度视若无睹，上课有迟到、早退、旷教现象，监考、阅卷、值周不负责任。不备课、不认真上课、不改作业、不检测，教学工作敷衍应付。在社会上不注重老师形象，违反师德师风之事时有发生，未能做到教书育人，为人师表。

这些现象虽然在学校只属个例，但社会影响十分不好，人民教师是太阳底下最光辉的职业，是人类灵魂的工程师，其职业道德标准高，要求严，要做到为人师表，行为世范。请大家对照上述现象，认真查找自身存在的问题和不足，以有则改之无则加勉的态度，立行立改。

二、请大家遵守几项要求

一是坚守师德师风底线。教师要严守职业道德规范，遵守学校纪律和各项规章制度。做到不迟到、不早退、不旷教，按时按规定组织监考，有事有病按规定请假。做到不体罚和不变向体罚学生，特别是不能在公共场所讽刺、挖苦、打击学生，教育学生一定要在可控范围内。做到不有偿补课、不有偿家教、不违规招生、不违规兼职。做到不乱代订购和指示学生订购违规教辅资料。做到不乱收取学生费用，包括不对学生乱罚款。不做不文明的事情，特别是接待家长一定要文明亲和，与家长和谐沟通。做到不拉帮结伙，在学校内不得称"老大、老板、老总、大哥"。严禁男教师单独找女生到办公室内谈话，男性教职工不得单独进入女生宿舍。做到服从学校安排，理解学校决定决议，懂得换位思考问题。上述这些都是师德师风基本底线，各教职工应认真遵守，严格执行。

二是不踩纪律规矩红线。各教职工要遵守上级各项规定。不违反工作纪律，按时上下班，上班不做与工作无关的事情。不违规操办酒席、违规吃酒、违规占地建房。不参与任何赌博尤其是在会所打麻将。不出入高档会所、歌厅、洗脚城、大酒店。不在公共场所吸烟，工作期间严禁饮酒。不违规经商办企业做工程。不大吃大喝浪费，厉行节约。遵守社会公德、职业道德、家庭美德。

三是不碰国家法律高压线。遵守国家法律法规。教师要廉洁自律，不用不该用的钱，回扣、套取、占有都是高压线。学校不会发不该发的钱，补课费、奖金、各类津补贴都不允许发放。不收不该收的物，购物卡、红包、有价证券摸不得。不办不该办的事，违反规矩的事坚决不办。教师要有基本的信息素养，不信谣不传谣，不乱拍、乱传视频，不在公共网络平台发表不当言论，不在学校微信群内推销商品，谈与工作无关的事情。教师要遵守交通法律法规，尤其是不能酒驾、醉驾。教师要一生洁身自好，不涉黑涉恶、不吸毒贩毒。防邪反邪，不参与封建迷信活动。教师要理性做事，不非法放贷、借贷，尤其是网贷。

坚守师德师风底线，不踩纪律规矩红线，不碰国家法律法规高压线，这是一个人民教师对教育忠诚，自身干净，对教育有情怀有担当的最起码最基本的体现。全体教职工对上述要求要逐条牢记于心，谨言慎行，老老实实做事，清清白白做人。

三、请大家算好几笔账

一是算好经济账。一个国家工作人员一生要挣很多钱，只不过是先来后到，先来的放在存折上也是个阿拉伯数字。如果受处分，一年就会少很多钱，如果被开除，所有都是零。所以，不该得的不要，不该来的不取。

二是算好名誉账。人一生都是活在奋斗中，我们都是专心读书找工作。今天我们有教书这个舞台，是我们努力争取的结果，但大家要想清楚，台上再风光，一旦出事，自己与亲人都抬不起头，人的尊严扫地，有时候连生活下去的勇气都没有。

三是算好亲情账。我们每一位教师都有一个相对美满的家庭，现在日子很艰苦，但生活或许很幸福。每个人都是家里的顶梁柱，不管哪方面出事对整个家庭都是一场灾难，幸福生活都会土崩瓦解。亲情、友情、爱情都会毁于一旦，我们真的输不起。

四是算好前程账。好前程不一定是我们要做大官挣大钱，我认为，所谓锦绣前程其实更多指衣食无忧，子女成人，家庭无灾无难。在人生的旅途中无狂风暴雨，就算到暮年，依旧吃得好睡得香，能优雅地老去，其实就是我们的锦绣前程。一旦出事，有时甚至连工作都没有，被开除后到任何地方找工作都会受阻，过正常人的生活都难，那还有什么前途可言？

我今天讲这些，对我们大家而言既是要求又是希望更是祝愿，唯愿在这特殊的时代，我们四中的老师能不忘初心，遵守规则，平安一生，幸福终老！

第二篇
立德树人

因为有爱，所以远行

——送给松桃民族寄宿制中学 2020 届初三毕业生

亲爱的毕业班的同学们：

来不及与昨天挥手，我们又将与今天再见。这是个特殊的毕业季，因为疫情，学校没有举行正式的毕业典礼，只有临别的赠言。2017 年秋天，你们来到松桃民族寄宿制中学（以下称"四中"），我用了三年的时间，欣赏你们的青春风采，鼓励你们努力奋斗。你们又是我教书生涯中很可爱、很优秀的一届学生。我提议，让我们高举双手，为自己的青春欢呼，为自己健康快乐地成长热烈鼓掌！祝贺你们，你们毕业了！

我喜欢在开学典礼上讲话，因为那是我和你们美丽的相逢。我不想在毕业季发言，因为这是我和你们的挥手告别。忽然想起那首歌：你在他乡还好吗？可有泪水打湿双眼……手中握着你的照片，我真的感到很遥远！再想起毕业就是告别，纵有万语千言我都无从说起，只有几句叮嘱送给即将远行的你们。

第一句是爱祖国。

很幸运我们出生在中国这样一个伟大的国度，不仅是因为我国有广袤的土地、壮丽的河山、丰富的资源，也不仅仅是因为我国有千年的文化、文明城市和现代化的科学，更是因为我国有优越的社会主义制度，有坚强的中国共产党的领导，有具有强大凝聚力的中国人民！这次新冠病毒席卷全球，唯有中国在短短三个月内取得决定性胜利，唯有中国有序恢复生产，百姓依旧生活无忧，唯有中国能想尽一切办法接回海外华人，唯有中国能保障我们平安快乐地在教室里读书。这就是伟大的中国，我们的母亲！我们除了热爱，就是报答和奉献，用我们的智慧和力量把她建设得更加美丽富强！

第二句是爱母校。

母校如父母，对我们有教养之恩。母校是我们一生一个学段求知和成长的地方，母校是我们读书的时候想早点儿离开而远走以后又常想回来看看的地方。在中华字典里能与"母"字组词且意思相近的词语就是母亲和母校。三年前，你们仰着稚嫩的面庞欣喜而来。这里的一台一路、一场一园、一草一木、一书一画，操场上的每一场球，教室里的每一堂课，老师的每一次讲话，同学的每一次比赛，都让你们为之魂牵梦萦，都成了你们青春的美好回忆。今天，你们将怀着一丝伤感、一缕平静依依惜别，但我想你们永远也不会离开四中，因为四中的文化精神已经融入了你们的血液，成了你们一生的动力和牵挂。从此，你们将以四中毕业生的身份，开启人生新的旅程。四中与你们同甘共苦，荣辱相依。四中将永远站在你们身后，犹如父母送别长大的孩子，最诚挚地祝福着你们，也最无私地支持着你们，盼望你们从此刻出发，从这里出发。"聚是一团火，散作满天星。"你们离开，我会失落，每当夜幕降临，我忙完一天的工作走出办公室时，我只能抬头遥望天空，在漫天的星辰中寻找，你们在哪里？我会为你们骄傲，母校会为你们祝福！

第三句是爱老师。

想想我们的老师，还记得运动会那天，一名女同学在 400 米短跑赛中拼命跑至终点后摔倒，班主任飞奔至跑道，第一时间将她抱在怀里，着急地询问："摔哪儿了？"还不时用手轻拍这个学生的后背。那一刻我感动到流泪：为学生的这份拼劲儿，就是摔倒也要跑至终点；为老师的这份温情，你在哪里摔倒，老师在哪里将你抱起，不管你成功与否，老师都在终点等着你平安归来。想想我们的老师，那些身怀六甲还依旧披星戴月的老师，那些重病在身还依旧鞠躬尽瘁的老师，那些年迈体衰还依旧奋战在一线的老师，那些上有老下有小还依旧以校为家的老师，想到他们我就心生无限的温暖和感动。想想我们的老师，我们没考好时，老师眼里那份期盼、鼓励和安慰；我们受伤了，老师那份焦虑、担忧和牵挂；我们成功了，老师那份欣慰、高兴和自豪；我们失败了，老师那份关切、疼爱和自责。在这个世界上，除了父母，没有谁会对我们这么好；没有谁给我们教育而不计回报；没有谁会在我们犯了错的时候还依旧不离不弃，包容我们。老师不是我们的亲人却胜似亲人，在四中读书能遇到这么多的好老师是我们今生的福报。所以，同学们，珍惜这最后的机会，给恩师们一个崇高的敬礼和衷心的感谢！

第四句是爱自己。

爱自己就是要珍爱青春。"青春是一场远行，回不去了。青春是一场相逢，忘不掉了。青春是一种伤痛，来不及了。"电影中展示的青春，随着时光的推移，终将无可奈何地逝去。但在我看来，只要同学们永远怀有梦想，永远坚定地追求，永远相信成长，那么无论你们身在何方，青春都不会散场。因为青春的力量永远与你们同在，激励着你们为了梦想去拼搏去奋斗。爱自己就是要携梦前行。四中是梦想启航的港口，四中也是梦想实现的殿堂。建校 20 年来，毕业 17 届学子，无数优秀学子成人、成才、成功，他们用自己的奋斗经历，激励着新一届四中学子奋勇前行。这是四中拼搏精神的延续，这是四中梦想力量的传承！我希望你们用你们的拼搏，将四中和你们的名字写进全国名校，让我们的校友、同行者、朋友，一旦听到"四中"两个字，都能发自内心地肃然起敬，毕业于四中的你们在哪里都是一面旗帜，都是一张响亮的名片，都是一道最美的风景，都是我们四中全体师生的自豪和骄傲！爱自己就是要勇敢坚强。我要祝愿你们今后一帆风顺，但也要告诉你们，未来的道路还很漫长，可能会遇到很多未曾想到的困难，遭遇很多无法预料的羁绊，甚至忍受很多难以忍受的痛苦。艰难困苦，玉汝于成。任何成功，须经过长时间的辛苦艰难，只有经过了荆棘的考验，爬过了人生的坡坎，挺过了风雨的砥砺，才能看到最美的彩虹。我相信你们！我祝福你们！

同学们，因为有爱，所以远行。这是我对你们的最后一次叮嘱。只盼你们远走高飞，回来依旧少年。

同学们别哭，聚散有时，后会有期。唯一不变的是我们依旧在校门口守望。看着你们渐行渐远，等着你们风光无限地归来。四中，老师，还有我，都永远永远爱你们！

心怀"五品"梦想，不负青春时光

——在松桃民族寄宿制中学2020年秋季学期开学典礼上的讲话

尊敬的各位家长，亲爱的老师们、同学们：

你们好！

今天，我们在这里举行隆重的开学典礼，欢迎新教师和新同学，表彰优秀教师和优秀学生，让我们用掌声对他们表示最热烈的欢迎和由衷的祝贺！

今年初一新生有1 200人，是历届新生人数之最！你们来松桃民族寄宿制中学（以下称"松桃四中"）三年，我总是希望你们心怀"五品"梦想，品性善良、品学渊博、"品象"阳光、品味纯真、品质卓越，不负青春时光！

品性善良就是要做好人

立德树人是教育的根本任务。有道是：智育不合格是次品，体育不合格是废品，德育不合格是危险品。国家选人用人，始终坚持德才兼备，把德放在首位。考学、考兵、考干，品德不好坚决不用，提拔、晋升、奖励，品德不好坚决不行，可见品性善良有多重要。做好人就是要爱祖国。爱祖国不是喊口号，要体现在具体行动上。我们看到五星红旗升起时热泪盈眶，我们看到神舟飞船升空刹那间心潮澎湃的自信，我们看到祖国壮美河山民富国强无以言表的自豪，我们把祖国当成自己的母亲，为了她的美丽富强而奋不顾身去拼搏奋斗，这些都是爱国的具体体现。做好人就是要爱家。家是我们心灵停泊的港口，没有家就没有源没有根，我们就会一直流浪。爱家不是讲空话，体现在日常行为中。爱家是看到父母艰辛劳作的身影后决心好好读书的一次觉醒，爱家是在家长苦口婆心教育后彻底改变陋习的一次顺从，爱家是看到母亲疲惫不堪下班时送去的一句"妈妈辛苦了，我给你倒杯水"的问候，爱家是电话里告诉远隔千里打工的父亲"要保重身体，我想你了"的温情！父母不容易，去和父母好好说话，在家好好吃饭，在学校好好读书，去拿一张奖状让父母知道你很优秀，去开心地和父母聊天让父母知道你平安健康，每天进步一点点，不惹事不违规，让父母知道你很努力！做好人就是要诚信。诚信是你一生最宝贵的财富，不可透支。世事以诚信立天下，一个满嘴谎话的人会遭到社会的唾弃。诚实做人，诚信做事，你会是这个世界上可以真正信赖的好朋友，你会是这个世界上可以托付终身的人。做好人就是要友善。讲话和气不恶语伤人，事到急处不拳脚相向。打架会付出沉重的代价，父母辛苦十几年，你一拳就会回到解放前。所以遇事不要慌，忍，一忍再忍，忍无可忍的时候，我告诉你们一个最简单的方法，那就是：再忍一次！一个有教养的人，不和粗人动武！忍不是胆怯，不是软弱，是修养，是智慧，忍得一日之气可免百日之忧。做好人不做坏人，干好事不干坏事，你就是一个大写的人，顶天立地的人，受人尊重的人。

品学渊博就是要做"富人"

在学习知识上要富有。松桃四中以学子优异闻名，毕业17届学子，就读高中后有17个学生考入北大清华，2个铜仁市状元，每年中考考上省级一类示范性高中（铜仁市第一中学）百人以上，全县前十名占绝大多数，优分人数接近毕业生的一半，你能进入松桃四中，每天与优秀学生为伍，互相学习、互相竞争，你也会变得优秀。我想告诉你们，在通往优秀的路上从来就没有捷径可走，用功与用心才是你们实现梦想的最好办法。

不怕慢就怕站，往前走，每天进步一点点，平凡就会变成非凡！学习能耐看分数，不要认为谈分伤感情，连基础知识都不掌握就说自己素质很高那是自欺欺人。给自己定个学习目标，多一分就多一些自信，就多一些实力，就多一点儿希望，只要国家还有考试，分数就可能决定你的命运！在生活自理上要富足，不要做高分低能的人。四体不勤，五谷不分，连洗衣、做饭、扫地都不会，待人、接物、办事都不通，只有一个高分其实也是废人。会劳动，懂得交朋结友，处事有头有序，离开父母还能做到不心慌、不害怕、不颓废就是能耐。品学渊博的人，身上有十八般武艺，这会让你前程锦绣，人生精彩！

"品象"阳光就是要做强人

强人身体要强壮。生命在于运动，跑步、打球、爬山等运动应该成为你们一生最忠实的伙伴。健康在于营养，不乱吃、不挑食、不多吃要成为你们一生坚守的习惯。身体在于保养，不熬夜、不人怒、不伤害应成为你们一生牢记的规则。强人心态要健康。月有阴晴圆缺，人有福祸悲欢，好坏全在个人心态。心态阳光就是要往好处想，天下暴雨去欣赏水奔腾的磅礴力量而不是因鞋子打湿而抱怨，烈日暴晒去看工地上工人只争朝夕的拼搏而不是为皮肤晒黑而神伤。身处绝境不要绝望，危机处有生机，风雨后有彩虹，事情并没有你想象的那么糟，柳暗花明，明天升起的依旧是太阳。心态阳光就是要有坚强意志和不屈力量。内心强大的人像弹簧，能弯曲能伸张；像轮胎，受得气承得重，只要出发就是滚滚向前！阳光心态就是要有正视不足的勇气和承认错误的雅量。知不足而后补，知错而后能改，便不可小瞧也不可战胜。自以为是、妄自尊大的人往往不堪一击。永远不言放弃，永远心怀梦想，心中有阳光，人生就有希望，没有不开花的春天！

品味纯真就是要做美人

人美在外表。不要以为你拉个卷发、画个眉毛、打点儿口红、涂个指甲就是时尚。不穿奇装异服，不留长发怪发，穿着打扮阳光、干净、大方、朴素，体现纯洁、纯真、自然美，那才是真的美。人美在行为。不要以为脏话满嘴、抽烟打架、机不离手、混迹网吧就很帅很酷，其实别人认为很垃圾。举止高雅端庄，言行文明规范，外表和内心干净透亮，语言行为温文尔雅，那才是松桃四中学子最美的模样。

品质卓越就是要做能人

在劳动中锤炼能手。劳动创造财富，劳动实现梦想，劳动创造未来，劳动创造奇迹！要学会劳动，让勤劳的双手给我们带来丰衣足食，使我们成为某一领域的行家里手，让智慧的大脑远离平庸，在创造中追求极致，在创造中追求卓越，成就非凡！

希望你们以"五品"为目标，用勤奋追求梦想。做好人、做"富人"、做强人、做美人、做能人！人人成才，个个成功！

信不信由你，反正我信了

——在松桃民族寄宿制中学2019年秋季学期开学典礼上的讲话

尊敬的各位家长、各位来宾，老师们、同学们：

大家早上好！初一的小朋友没有经验，我一上场就热烈地鼓掌，鼓掌的机会很多，我担心你们的小手心受不了。我今天准备的讲话题目是《信不信由你，反正我信了》。但我忽然改变主意了，有人说："天不怕地不怕，就怕校长来讲话，不是要求多读书，就是强调不打架，长篇大论讲半天，不知到底说些啥。"既然不爱听，我今天就不讲话了，改成送礼物，我送给你们三件礼物。

第一件礼物：一盒"高钙片"。人的高度有两方面：一是身体高度，与遗传和营养有关，这是你们父母给的，我管不了；二是精神高度，想要你的精神长相高大，就需要吃我的"高钙片"。"高钙片"的主要成分是自信、自律、自强。

四中人要自信。因为学校是全市名校，教师是名师，学生"学霸"云集，当然校长也不差。刚才罗校长介绍我是省级名校长，好像还少讲了一个括号"培养对象"，这样连起来就是：杨鹏，铜仁市名校长，贵州省名校长（培养对象）。所以，只要你进了四中，只要你穿上四中的校服，身上就写着两个字"自信"。

四中人要自律。能管住自己的手，不能干的坚决不干。特别是打架，打架是智商和情商都有问题：要么是你的智商太"低"，能用脑子解决的问题你偏要用拳头去解决，这是典型的四肢发达，头脑简单；要么是你的情商太差，明明是几句"对不起，没关系，我错了"简单的话就能解决的问题，你偏要用你父母的血汗钱来解决。你要知道拳头出去的后果，轻则赔偿进医院，中则致伤致残进监狱，重则致死判刑上刑场。医院、监狱、刑场人们避之不及，你还抢着要去，就是真正的大傻瓜。打架为四中全校师生所不齿，谁打架，全校痛恨之。能管住自己的手，不能拿的坚决不拿，不是自己的东西坚决不要。能管住自己的嘴，不能讲的坚决不讲，不能吃的坚决不吃。能管住自己的心，不该想的坚决不想，不能忘的坚决不忘。

四中人应自强。我告诉你们一组数据：全县历届中考状元和前十名几乎都被四中包揽，每年中考高分人数占全县半壁江山。每年有2人以上考入贵阳一中，100人以上考入铜仁一中。从我校毕业后就读高中的共有17人考入北大清华，近几年有2个毕业生成为铜仁市高考状元，2015届一届出了3个清华生。我们想想：前些年全县很多小学优秀毕业生到外面去读书，有哪一个成了全县中考状元？有哪一个考入了贵阳一中？有哪一个读高中后考入了北大清华？没有，一个也没有，数据说明了一切。但四中人不骄傲，要低调，从不打广告！四中人的自强就是永争第一、永不服输、永不言败、永不放弃！四中一个人站着就是一棵大树，四中一群人站着就是一片森林，四中人全部站在一起就是一道坚不可摧的钢铁长城！凡我四中人，皆有四中"神"。

希望这些"高钙片"，能让你的精神长高，不管你今后在哪里，去向何方，你都能从四中这种精神之"钙"里汲取营养，始终心怀梦想，始终不忘初心，逢山开路，遇水架桥，所向披靡，无往不利！

第二件礼物：一串"金钥匙"。

打开幸福大门之钥匙是受得了艰苦。人生之路不可能是平坦大道，它有上坡和下坡两条路。下坡路好走，但那里沿途凋零萧条没有风景。上坡路难走，崎岖陡峭，荆棘密布，险象环生，但它是通往成功的风光无限的道路。要吃得了苦，千万不要认为你到了四中这所名校，成绩就会无缘无故地好，每一个"学霸"都是用汗水浇灌的。千万不要认为有了一位名师教你，你就能顺利地考上重点高中，每一位优秀学子成长的背后都是阅读了大量书籍。没有人不苦，只是有的人不喊痛。今天懒惰，明天就要为无知付出代价，没有今天的吃苦，哪来今后的享福。不要怕艰苦，艰苦经常与舒服相伴，不要怕苦难，苦难往往与幸福相邻。风雨过后有彩虹，苦尽处甘甜自来。

打开荣耀大门之钥匙是耐得住寂寞。板凳要坐十年冷，世间诸事无一能随随便便成功。读书枯燥，没有打游戏那么有趣；作业乏味，没有手机那么刺激。但我想告诉你们，你如果连手机都控制不了，那你一定成不了大器，因为你根本没有能力去掌控你的未来。游戏通关不是重点高中的通行证，无所事事往往是人生苟且的墓志铭。成功只偏向那些能安静坐上几个小时冥思苦想的学子，荣耀最垂爱那些不为外界诱惑所动的精英。只有守得住初心，经得住诱惑，耐得住寂寞，才能挣得了繁华。

打开成功大门之钥匙是经得住失败。失败是成功之母。失败是过滤器，每过滤一次你就变得更加洁净；失败是混凝土，每灌注一次你就变得更加强大和坚固；失败是磨刀石，每砥砺一次你就变得更加光亮和锋利！不要害怕失败，失败与成功往往只有一步之遥，你撑不住的时候，别人也撑不住，勇敢地告诉自己再坚持一会儿就会迎来曙光。

请把这串钥匙经常挂在你的身上，你所到之处，大门都将被你打开！

第三件礼物：一套"化妆品"。

人之美有形体美和心灵美。形体美多半来自父母，但心灵美却是依靠后天。一个人形体美但心灵不美，我们并不认为他漂亮；相反，形体不美但心灵美，我们依旧认为他很高尚。

请你们用善良去"化妆"。 善良就是不干坏事。不做亏心事，不怕鬼敲门，心里坦荡，脸上有光。善良就是懂得感恩。感恩父母，父母让我们平安地来到这个世界，我们对他们就有了一生报答不完的恩情。感恩父母从回家好好吃饭开始，从心平气和地与父母说话开始，从帮助父母做力所能及的家务开始。因为我们长大的脚步跟不上父母老去的脚步，我们渐行渐远，与父母相处的时光会越来越少，不管舍与不舍，爱与不爱，下辈子都不会相见。感恩老师，如果你有幸遇到一个手握戒尺、心中有爱、眼里有光的老师，请你好好地爱他敬他，因为老师无私地批评你教育你，期望你成才。感恩对手，生于忧患，死于安乐，对手就像狙击手，逼你快跑，不然就会受伤，与对手较劲儿就是与优秀共舞，和优秀的人在一起，迟早你会更优秀。

请你们用博学去"化妆"。 "腹有诗书气自华"，漂亮的容颜会随岁月流逝而枯黄，苗条的身材终因时光老去而膨胀，只有博学蕴含在你身上的气质才能如陈年老酒历久弥香。央视《中国诗词大会》第二季冠军得主武亦姝凭借强大实力和淡定气魄满足了人们对古代才女的所有幻想，网友纷纷为她的才情所折服，她也因此获得"2017年全国向上向善好青年"的称号。我校今年毕业的冉蕾同学以634分的优异成绩斩获全县中考状元，以全市第4名的成绩免试进入贵阳一中，这个身材娇小的"00后"小妹妹因博学多才成了我们心目中最美的大姐姐。她们没涂口红、没涂指甲油、没染黄发、没穿时装，但她们却是我们心中的最美！

请你们用健康去"化妆"。 健康的人最美。爱国爱校爱家庭，没有健康等于零；有权有钱有成功，没有健康一场空。去和运动场交朋友，每天打打球，跑跑步。男生练点儿肌肉，给自己塑造一个阳光的形象；女生练点儿形体，在花一样的年纪绽放自己的美。

所以，善良、博学、健康才是最好的"化妆品"！

我今天送了你们三件礼物：高钙片、金钥匙、化妆品。"高钙片"能让你们精神长高，"金钥匙"能打开成功和幸福的大门，"化妆品"能让男生变帅、女生变美，男生用好这些东西就变成了"高富帅"，女生用好这些东西就变成了"白富美"。这样，四中的学生今后不管走在哪里，都是人见人爱，花见花开！信不信由你，反正我信了！

最后，衷心感谢今天前来参加开学典礼的各位嘉宾、家长朋友！衷心祝贺今天受表彰的各位老师和同学。

因努力而优秀

——在松桃民族寄宿制中学2018年秋季学期开学典礼上的讲话

各位家长、老师、同学：

你们好！

今天，我们在这里隆重举行松桃民族寄宿制中学（以下称"四中"）2018年秋季学期开学典礼及第34个教师节表彰大会，首先，让我们以热烈的掌声欢迎初一1075名新同学，也借此机会向今天获得表彰的优秀教师、优秀班团干、学习明星、三好学生表示热烈的祝贺，向全体教师表示节日的问候和崇高的敬意！

按照惯例，每学期的开学典礼我都要给同学们讲话。最后我发现，我讲得好不如你们做得好，因为你们已经努力做到了最优秀！"因努力而优秀"就是我今天要讲的主题。

努力办最好的学校，让四中学校一流。校门外橱窗里挂着两块含金量最高的牌子：铜仁一中重点生源学校、松桃民族中学优质生源基地。一星期前，全市教师节表彰大会，我们也捧回两块牌子：全市教育系统先进集体、铜仁城区公办初中教育质量二等奖。我们已经挤进了全市288所初中前六强！连续四年被评为全市教育质量先进单位。现在，学校的设施设备、美化文化、名师大师、教育质量在全县初中都是佼佼者，在全市也开始崭露头角。四中是全县初中教育的一面旗帜，你有幸来到了四中，你要经常告诫自己：你是在全县最好的学校读书，你的校服就是学校最高的荣耀，你的一举一动都体现了四中学生的高素质。记住：不要在任何时候让四中因你出丑。任何人看到我们四中学生都只有一个举动：伸出大拇指，点赞四中，四中很好，四中的学生很棒！

努力做优秀的教师，让四中的师资一流。有人问我：你们四中究竟哪里好？我说：教师好！四中的教师很牛，新生报名的时候，教师手机关机人躲在家里头，因为打电话要求读书的人太多。四中的教师很"凶"，不怕苦不怕累，带着学生向前冲。四中的教师很有名，多为名师、骨干教师，想要低调都不行。还有，四中的校长很有才，讲话幽默风趣，你不笑不鼓掌都难。四中的校长们都是名校长、名师：何明龙副校长是省级骨干教师，这样的教师松桃全县只有3人。罗芳丽副校长、田俊兰副校长她们有很多相同之处，都是市级名师、市级骨干教师、中学高级教师、职称评聘专家、全市优秀教师！四中优秀教师阵营强大，县级以上骨干教师，我校占全县的半壁江山。马上又将调来17位教师，都是从乡镇中学选出的最优秀的。人的一生在教育上有三大幸事：一是出生在一个懂教育的家庭，二是上学时能进入一所好学校，三是在读书时能遇到很多好老师。如果说出身不能选择，但你来到四中，进入一所好学校，遇到很多好老师，这是你的幸运。请你好好珍惜与老师相处的时光，因为，走出学校，除了你的父母没有人会对你这么好！

努力做优秀的学生，让四中学生一流。四中的学生究竟有多优秀，可以举几个例子来说明：我校毕业的龙腾辉前年参加高考，以702分的成绩获全市文科状元，贵州省第三名，被北大录取。我校毕业的何靖宇、代应斌、龙锐今年参加高考，3人全考入清华。一届出了三个清华生，奇迹是用来创造的，四中经常创造奇迹。两年前我校毕业的吴俊玲、平佳静、余佳扬、吴雨欣、陆若冰等7位女生，当年在四中号称"七朵金花（七仙女）"，现在铜仁一中读高三，经常名列全校前十。今年全市初二年级会考，全县前十名我校有7人，前一百名39人，初二15班的冉蕾在全市近5万人中排第五名！（此处应该有掌声）四中是学霸云集的地方，你在小学考180分进入四中根本不算什么，今天在座的有58人都在185分以上，还有外省外县回来读书的高手因为没有考试分数还很低调地隐藏在我们中间，此刻能上台领奖的也只是全年级前二十名。所以，在座的学习明星们一定要不骄不躁，继续努力，因为你一不小心就会落后，那些基础差的同学，你现在不是学习明星也没关系，小学考140分入校最后考入铜仁一中的也大有人在，"落汤鸡"变"金凤凰"的奇迹在四中经常出现，学习明星的位置谁都可以坐，重点高中的大门从来不是为固定的人开的，只要你有梦想，只要你肯吃苦，你在四中就能变成最优秀的自己！

做最优秀的自己、办一流的学校、成最优秀的教师、做最优秀的学生是我们四中人始终坚持的至高追求，也是我们四中人的精神所在。四中最尊敬有学识有才华的人，最欣赏有志气求进步的学生！新学年，新希望，请把你们的梦想装进前进的行囊，让努力、勤奋和坚持追随你们的脚步，期盼来年听到你们花开的声音！祝你们快乐幸福，平安健康！

别让安逸辜负了你的芳华

——在松桃民族寄宿制中学 2018 年春季学期开学典礼
暨中考动员大会上的讲话

尊敬的各位家长,亲爱的老师们、同学们:

大家好!

伴随 2018 年春天的步伐,松桃民族寄宿制中学(松桃四中)盛大的开学典礼暨中考动员大会在这里隆重召开,在这特殊而又美好的时刻,真想给你们发个大红包。很无奈,校长样样都有,就是没有钱。但我知道你们同样喜欢我,要不,你们为何还要热烈地鼓掌呢?因为聪明的你们知道:杨校长的讲话就是送给你们的不花钱但很值钱的大红包!

那我今天给你们讲什么呢?就讲:别让安逸辜负了你的芳华!

也许你在想,要是不读书多安逸。我也认为不读书真的好爽:早上不用早起床,中午可看喜羊羊,饭后四处瞎逛逛,晚上网吧泡一场,家中没有老师管,外面还学光头强。神仙过的日子啊!但是我想告诉你们,如果你的父母在外务工,你打电话问问远在千里之外还在为生计四处奔波的爹娘,他们如你这般青春年少的时候因为环境不好没能读书,在后来的人生里他们还安逸不?如果你的父母有份稳定的工作,那你问问他们,当年读书的时候是不是很安逸?他们是否很轻松地就有了今天这份体面的工作?

我们也可以问问坐在中间戴大红花的这434位学习明星，你们苦不苦？我们再问问全校这150名平均分90分以上的"学霸"们，你们累不累？或者，我们采访平均分96.3分的初一（10）班龙云奇，平均分95分以上的初二（15）班的冉蕾、初三（15）班的杨洵，这些全年级的顶尖高手每晚几点才能睡觉？答案肯定是：不读书肯定不安逸，书读好才会很舒服！不苦不累，终生受罪。

也许你在想，我基础差没希望。那我告诉你：平昌冬奥会上为中国代表团挣得第一枚金牌的短道速滑冠军武大靖，七年前他只是个队伍里的陪练；我校2016届9班的杨莎莎，小学毕业终端检测语数两科总分只有94分，中考却以571分的成绩考入了铜仁市第一中学；2016届11班的吴胜彩，初三上学期考试是全校289名，她奋力拼搏一路追赶，最后中考获得全校第13名，全县第47名。（此处可以有掌声！）他们用行动证明：只要你肯学，随时都不晚；只要肯去干，从来不怕慢；只要想得到，就能做得到。在通往优秀的路上，只有勤奋才是达到目标最快的方法！不要认为你进入了四中这所全县最好的中学，你的成绩就会无缘无故地好，更不要认为你遇到了几位好老师，他教鞭一挥就能让你化腐朽为神奇，学习没有捷径，读书不要安逸，唯有拼搏，才能让对手无能为力！不要小看你自己，苔花如米小，也学牡丹开。坚持、努力、奋斗从来不会辜负任何人。学习明星不是哪一个人的专利，重点高中随时可为你敞开大门。学习明星方阵可以无穷大，红凳等你坐，红花等你戴。在这个奋斗的时代，有奋斗就有精彩，有奋斗就有奇迹，有奋斗就有无限的可能！不管你现在成绩好不好，你奋斗，你就是四中的骄傲！你就是我心中的英雄！因为有你，所以辉煌！（掌声送给你们自己。）

也许你在想，已经没时间了。是的，我们初三的同学离中考只有一百天了，那就请你们珍惜，别让安逸成为你贪玩的借口。父母都还在操劳，你没有资格安逸。别让手机偷走你美好的时光，重点高中录取并不考核你游戏通关，别人的点赞也一分不值。别让懒惰埋没了你的才华，勤奋会让你随时与众不同。去拼搏一百天，将父母之恩化成报答之愿；去刻苦一百天，将教师之盼化成雄鹰之志；去奋斗一百天，将九载寒窗之苦化成金榜题名！预祝你们中考成功！

同学们，人的一生有很多张卡，但青春这张卡常常只用不存。如果你挥霍无度，你的人生不会绚丽多彩，而是荒芜苍凉。树有百次逢春季，人无两度再少年。所以，请珍惜这求学上进的美好时光，千万别让安逸辜负了你的芳华！

谢谢大家！

厚德至善，博学致远

——在松桃民族寄宿制中学2017年秋季学期开学典礼上的讲话

各位家长，亲爱的老师们、同学们：

前几天，有学生问我："哪天搞开学典礼？"我说："你想领奖金吗？"她回答"不谈钱，谈钱伤感情"，然后笑着对我说："就是想听你的精彩讲话了。"真会说话！这是我第一次听说有人喜欢校长讲话。我们读书的时候其实最烦校长讲话，别不相信，有诗为证：校长讲话真的烦，长篇大论讲不完，不是强调重安全，就是要求不能玩，偶尔也讲个笑话，过后越想越害怕。校长不好当，那我和同学们聊什么好呢？就讲讲校门口石头上刻的我们学校的校训"厚德至善，博学致远"。讲得好你们热烈地鼓掌，讲不好你们拼命地鼓掌！

"厚德至善"讲的是道德品质要好。智育不合格是次品，体育不合格是废品，德育不合格是危险品。古今中外，评价人才的标准都是德才兼备。不管人有多聪明，品德不好都不会被重用。所谓品德好就是做好人不干坏事，就是守纪律不违规，就是敬长辈不忘恩情，就是勤学习不费光阴，就是争光荣不留遗憾！心向善，心中有阳光，人间有温情，世界更美好。

"博学致远"讲的是有渊博的学识。能来四中读书，你不是优秀就是幸运。四中是人杰地灵的地方：前临美丽松江母亲河，背倚丹霞奇迹云落屯，依山傍水，风景如画，十几年里，这里培养出了14位北大、清华学子，多位市县状元。四中是高手如云的地方：今年中考，全县前十名我校占了8人，前三名全在我校，其中，贵阳一中录取4人，铜仁市第一中学录取95人，松桃民族中学录取529人，多数人考入了松桃民族中学以上省级示范性高中。初二年级全市统考，全县前十名我校占9人，几乎包揽。全县前一百名，我校占66人，比一半还多。四中是创造奇迹的地方：今年中考，我们的总分、平均分和总分及格率都进入了全市前列，我们的三（1）班只是一个普通班，却有10人考了700分以上，有5人被铜仁市第一中学录取，有39人被松桃民族中学录取，这些都是省级示范性高中。我们的男女足球队在荣获全县双冠后，男队又勇夺全市三级足球联赛亚军。在四中学生拼搏奋斗的字典里，只有最好，没有不可能。四中好，要靠实力说话。没有谁会无缘无故变得优秀。渊博的学识都来自苦拼苦学。只有愿吃苦，能吃苦，苦学后才会有灿烂辉煌的明天！

厚德让我们的精神长高。今天受表彰的百名教师就是我们学校优秀教师的代表，他们用良好的专业素养，高尚的道德情操，无私的奉献精神为四中的发展立下了汗马功劳，其师德悠悠，声名远播。在教师节到来之际，让我们用热烈的掌声祝全体教师节日快乐，并对他们表示崇高的敬意和衷心的感谢！

博学让我们的人生走远。今天受表彰的学习明星、三好学生、优秀班团干部都是学校优秀学生代表，特别是这些七八科平均分85分、90分以上的同学，是我们心目中的"大明星"！说实话，我读书的时候从来没你们考得好,所以,我打心底里崇拜你们,佩服你们,衷心地祝贺你们!我希望我们四中的每一位学子,都以他们为榜样,站着是一棵大树,倒下也是一根栋梁,四中的学生在哪里,哪里就有素质,哪里就有形象,哪里就有鲜花和掌声,哪里就有成功和辉煌!请伸出我们勤劳的双手,为我们自己欢呼:"松桃四中,真的很凶!"

同学们,新学年、新起点、新希望。让我们以德为舟,以学为帆,一路高歌,直达彼岸,再创辉煌!

怀揣理想走四方

——在松桃民族寄宿制中学2014年秋季学期开学典礼上的讲话

老师们、同学们：

金秋九月，我们迎来了很多年轻的朋友。孔子曰："有朋自远方来，不亦乐乎。"那就让我们以热烈的掌声欢迎新来我校的老师和同学，并对即将受到表彰的师生表示热烈的祝贺！

我来四中当校长，有人问我："你为什么要去四中当校长？"我告诉他，我想把四中办成全市一流的中学。这其实是理想，也许能实现，也许会是一种幻想。但不管以后怎么样，我都会带着我的同事们一直沿着这条路走下去。既为自己圆梦，也为你们圆梦。所以，我今天要为大家讲的主题是"怀揣理想走四方"。

一、怀揣理想走四方，你该有远大的理想

人应该心怀梦想。没有梦想，人生便找不到靠岸的地方。一个没有理想的人，注定是一个心理残疾的人。一个没有目标的学生，注定不会有精彩的人生。有人害怕谈理想，认为"我想当科学家"是狂妄，"我想当将军"那是自不量力。但我们常常忽视这样一个事实：每一个成功的人最初都怀有远大理想或者说是梦想。"不想当将军的士兵不是好士兵。"前几

天，有一个同学报名时找到教务处，要求到我们学校来读书。我问他："你不属于我们招生的服务范围，怎么到我们学校来读书？"他说："请你给我一张卷子，考不了90分，我自己走人。"结果他考了93分。他能把书读好，他有这份自信，底气十足。我们就有理由相信凭着他的勤奋和努力，无论走到哪里，他的梦想都能实现。所以，同学们，不管你现在在何种起点，成绩是好是差，只要心怀梦想努力去学习、去拼搏、去奋斗，人生就有鲜花，就有阳光，就有掌声。

二、怀揣理想走四方，你该有高尚的道德

道德说有多重要就有多重要。道德品质历来是衡量人才的首要标准。我们评价一个人要求是"德才兼备"，同样是把"德"放在首位。人的成功有时候与智力并没有很大关系。我认为好的道德至少要有以下标准：

一是诚信。近几天，总有几个违反纪律的学生和家长，三番五次到学校来要求复学，下保证、做承诺，最终却一犯再犯，屡教不改。你的诚信呢？老师怎么相信你？男子汉大丈夫要说话算数。"君子一言，驷马难追。"孔子说："言而无信，不知其可也。"换句话说，一个人如果不讲信用，真不知他怎么办。四中是英才辈出的学校，教学楼墙的宣传栏中有无数学子从这里走出去，考上重点大学，绝大多数都成了国家的有用之材。四中是全县重点初中，无数乡镇小学毕业生向往，你来了，你很幸运，要好好珍惜，要像爱护眼睛一样保护好四中的名誉。四中只培养人才，把每一个学生都培养成才是学校的责任和使命。

二是感恩。我想向同学们提一个问题：如果一位母亲带着一个孩子遇到了一个穷凶极恶的歹徒，当歹徒的刀刺向孩子的一刹那，母亲会怎么办？毫无疑问，母亲会毫不犹豫地冲上前去与歹徒搏斗，不会让自己的孩子受到伤害。同学们，你们想想，一个可以拿自己的生命为你抵挡风雨、铸造平安的人，我们怎么可以伤害她？世界上最伟大的爱就是母爱，这不仅仅是因为我们的身上流淌着母亲的血液，更重要的是母爱没有功利，只

有奉献，大爱无私，大爱无言。因此，同学们！你难免会辜负别人，但你不可以辜负你的母亲；你可以不优秀，但你不能伤害给你生命的人。也许，我在这里讲这个问题，你们并不一定有这方面的体会。我母亲去世得早，我常常在孤独、困难的时候想到母亲。我对母爱的解释是：有妈真好！尤其是我为人父之后，更感受到父母的责任和艰辛。所以，同学们，心怀感恩之心吧。感谢你的父母，是他们使你来到了这个世界；感谢你的老师，既给你关心又给你知识。教师给了你知识，给了你成长，让你可以远走高飞。

三是宽容。为人处事就像马路堵车，你不让，他不让，结果是大家都不能走。这几天要求复学的，都是因为打架。你们想想，同学之间，有什么问题是不可以坐下来解决的呢？我们都是从三乡五里赶过来，能在一个学校，一个班，这本来就是一种缘分。同学之间的友谊是你用金钱买不到的。现在讲，多个朋友多条路，宽容是一种学问。因为你宽容，所以你伟大；因为你宽容，所以你得到了尊重；因为你宽容，所以你收获了友谊。同学们，伤害朋友是最愚蠢的做法，彼此尊重才能让友谊天长地久。

三、怀揣理想走四方，你应该有渊博的学识

我们今天在这里读书，其目的不是将来一定要做大官发大财。在这个经济十分发达，社会科学技术日新月异的今天，你没点儿文化是不行的。要有文化，就必须好好读书。对于读书，怎么说也不为过，我只要求同学们"四个不要"：一是不要等有空了才读书。时间是海绵中的水，你要挤才有，睡觉时可以读，吃饭时可以读，玩耍时可以读，上厕所时可以读，"莫等闲，白了少年头"。二是不要只读教科书。社会是一个大课堂，与别人交流也是读书。不是有句话叫"听君一席话，胜读十年书"吗？帮助别人是读书，遭受挫折也是读书。三是不要读死书。书是死的，人是活的，尽信书，不如无书。"纸上得来终觉浅，绝知此事要躬行。"要把所学知识应用于实践，让实践出真理。四是不要等有钱了才读书。图书室有很多的

书，随时可以借来读。书读多了，你的脑子就灵活了，你就有本事了。读起书来，你就忘记了烦恼，感受到了幸福。所以，热爱金庸先生的一句话："只要有书读，做人就幸福。"把它写得大大的，挂得高高的，每天照着自己的灵魂，不要迷路，照着自己走向远方，走完一生。

四、怀揣理想走四方，你应该有健康的身体

有一个关于幸福的公式是这样的：幸福＝健康＋金钱＋事业＋爱情＋……健康是1，后面的是0。有了1，后面的0越多，幸福的总量就越大；没有了1，后面的0再多，幸福也为0。身体是生命的载体。有人说，什么都可以有，但是不能有病。现在，国家很重视青少年的身体健康，体育分已记入中考总分。为了升学，为了你的健康，为了你的幸福，同学们要和运动交朋友，打打球，跑跑步，做做操，让自己的身体棒棒的，精力足足的。我在这里告诉你们，没有一个学校愿意收一个病得昏昏沉沉的孩子，没有一个单位愿意聘用一个弱不禁风的人，没有一个人愿意与一个疾病缠身的人相伴终生。拥有幸福的未来，从锻炼身体开始。

我讲了这半天，无非讲了四点：一是有理想，二是有道德，三是有文化，四是有健康。总之，就是希望你们将来成为有理想、有道德、有文化、有健康体魄的一代新人。

我来四中，就是为你们一生的幸福铺路的，对于我，你们可以做选择题——喜欢我或是讨厌我，但我对于你们而言，选择只有一个，那就是永远地爱你们！希望你们用智慧和朝气，以四中为舞台，怀揣梦想走四方。勤奋学习，尊师守纪，一路凯歌，一路精彩，一路辉煌，为自己增值，为学校争荣，为父母争气，为祖国争光！

最后，祝你们学习进步，天天快乐，健康一生。

让平凡的日子心怀感动

——在永安乡中学 2008 年秋季学期开学典礼上的讲话

老师们、同学们：

今天，我们在这里隆重举行新学期开学典礼，在这个典礼上，我们将表彰一学期以来在学习和管理中取得突出成绩的学生。在此，我首先对他们的获奖表示热烈的祝贺，并希望未获奖的同学以他们为榜样，努力学习，与获奖者一道，戒骄戒躁，在学习中取得新的更大的进步！

每学期开学典礼上，都有一个议程，就是我要讲话。老实讲，我实在不知道给同学们讲什么好，因为我总觉得，人的成长是一个自我不断反思、不断总结的过程，空洞的说教往往苍白无力。从我 2006 年 3 月来到永安乡中学当校长至今，掐指一算，已经有两年半了，这两年半我在开学典礼上讲了四次话，题目分别是"做一个有素质的人""做最好的自己""又是一年春来到""行走在苦与乐的路上"。今天，我能为大家说些什么呢？回想一学期以来，我们有着太多的感动，有许多感激的话要说，感觉全校溢满了浓浓的爱与亲情，所以，我今天讲话的题目是"让平凡的日子心怀感动"。

首先，我要讲感动

感动在平凡的日子里我们铸就非凡的希望。感动领导们的关怀，让我们有了灿烂的学校发展蓝图。学校综合大楼建设工程启动，学校运动场建成，教师宿舍楼工程开工建设，学校实验室、图书室、阅览室全面建成开放。

感动教师们的敬业与执着，让我们有了全新的起点。张著明老师带病坚持工作，外乡教师在永安乡中学安心教书，校外聘请教师任劳任怨。田茂学老师教的初二数学平均分86分，刘廷权老师教的初一语文平均分83分，喻沁老师教的初二物理平均分88分，都刷新了永安乡中学单科期考成绩历史记录。今年，我校中考升入省一类示范性高中4人，这是永安乡中学近7年未有学生考入省一类示范性高中之后的首次突破，开创了永安乡中学提升教育质量的新未来。

感动同学们的爱心，让我们的心灵受到无限的震撼。学生卢用、喻义平等爱心捐款数千元，邱刚同学拾金不昧……也许你觉得几块钱交给失主并不是什么大事，但真正不为金钱所动的学生真的了不起，他们品德高尚，心地善良，爱心无边，是同学们学习的榜样。

感动学生们的勤奋，让学校的成绩有了新的辉煌。初一王元英、石应松平均分95分，初二任风英平均分94分，现初三（2）班钟华永进步最快，还有从平行班转到实验班的马竹容，等等，他们都是学校优秀学生的典型，他们用勤奋、汗水和智慧超越自己，谱写了人生美丽的诗篇。

接下来，我要讲感恩

我们要感恩父母。人最重要的是要知道自己的根在哪里，自己从什么地方来，又将要去向何方。不知道自己的根在哪里，就像一棵树没有了大地的依靠，永远也长不大。我们的身上流淌着父母的血，遗传着父母的基因，秉承着父母的性格，不管你是贫富贵贱，你都永远是父母的孩子。

汶川地震后，有一个很感人的画面：当救援人员挖开一片废墟时，一位母亲躬着身，怀里抱着一个不满一岁的婴儿，孩子活着，母亲已去世，手机里有一条短信"孩子，如果你能活着出去，你要记住，妈妈爱你"。这是2008年感动世界的短信。要知道，当灾难来临时，一个可以用生命保护你的人，说有多伟大就有多伟大！我们只有一个母亲，身为人子，我们怎么可以伤害她？

我只想告诉大家，在这个世界上，没有谁比父母更爱我们，我们要学会感恩：感谢父母给了我们生命，让我们成为一个人；感谢父母给了我们一个家，让我们吃饱穿暖，不四处流浪；感谢父母给我们教导，让我们健康成长；感谢父母给我们牵挂，让我们心生温暖，不再寂寞孤单。所以我经常讲，在这个世界上，也许你会做对不起别人的事，但你不能对不起你的父母，你绝不能伤害你的父母。在学校，我们要认真读书，不要让我们的父母操心，你们要知道，父母在你们身上寄托了他们一生的希望，为了你们，他们可以一切都不要。所以，我们要为我们的父母争气、争光，争出一片新天地。

我们要感恩老师。古有"老师如父母""一日为师，终身为父"之说。一个不懂得尊重教师的国家是一个没有希望的国家；一个不懂得尊重老师的家庭，是一个没有文化的家庭；一个不懂得尊重老师的学生，注定进步不大。汶川地震时，很多老师不顾自己的亲人，甚至不顾自己的生命，目的只有一个，保护学生安全撤离。所以，你们聪明也好，淘气也罢，在老师心里都是能够成人成才的好孩子。所以，感谢老师，就是为我们自己创造成长的机会。

我们要感恩朋友。因为有爱，我们的生活才快乐。我们要感谢给我们帮助的朋友，否则，茫茫人海，谁肯助我？我们要感谢给我们困难的朋友，有人说：苦难是一所大学。我要说：苦难是最好的营养品，谁给我们苦难，其实谁就是间接地在帮助我们，我们都要谢谢他。

我们在成长中受恩，也在感恩中成长，让感恩与我们永远相伴。

最后，我要谈感想

第一个感想是：任何时候都要不抛弃、不放弃。

汶川地震时，有人在废墟下活了8天，在没有任何食物的情况下，凭什么生存下来？凭的就是意志，就是不抛弃，不放弃。我们有的同学，进校的时候基础并不好，但老师不抛弃他，他自己也不放弃自己，就像那些开始分在"普通班"的学生，凭着自己的努力，在实验班也有了中上等成绩，最后考入了理想的高中。所以不管你现在的学习怎么样，不放弃，每天进步一点点，你就是一个优秀的人。

第二个感想是：活着就很幸福，要好好地珍惜。

我的一位朋友，因家庭经济困难，成天唉声叹气，愁眉不展，几次欲自尽。我问他：你没有吃的了吗？他说：有。我说，那你比世界上2亿多人幸福，因为在这个世界上，有一些地方，至今还有很多人在温饱线上挣扎。我又问他：你得了绝症吗？他说：没有。我说，那你比世界上1亿多人幸福。因为在这个世界上，仅患癌症的人就有7 800多万，还有因灾难断手断脚的残疾人，哪一个有你幸福？你有健全的身体，有饭吃，有衣穿，有关心你的亲人，你不觉得你已经很幸运了吗？在这个世界上，没有任何东西比生命更重要，我们要时刻注意自身的安全，父母给了我们一个健康的身体，就是人生最大的资源和财富，没有钱还可以再挣，没有工作还可以再找，没有爱情还有机会，没了生命，你就什么也没有了。所以，记住杨老师今天讲的话，不管遇到什么困难和灾难，不管走到什么绝境，都要好好地活着，只要活着，你就有希望，你就很幸福。

第三个感想是：相逢是一种缘，别把恩怨放在心上。

大千世界，芸芸众生，能够相逢，是缘分。同学、同事经常学习、工作、生活在一起，因性格、兴趣、爱好不同，产生小矛盾是在所难免的。但我们一定不能把这些小恩小怨放在心上，时刻耿耿于怀，甚至寻机报复。其实，人来到这个世界上，终极目标就是快乐地生活，心里装的事情越多，人生的路走起来也就越累。人生长不过百年，我们若每天都在计较与纷争中过日子，你们说累不累？有人讲，多个朋友多条路，多个冤家少帮助。同事之间，同学之间，朝夕相处，还有什么比这份感情更珍贵呢？所以，我们要多些宽容，少些抱怨，多些理解，少些误会，多些尊重，少些轻蔑，让宽容与我们相伴，让理解的旗帜高高飘扬。

今天，我主要讲了三个主题：一是感动，心怀感动，我们的心就不会麻木，我们就不会心生老茧；二是感恩，心怀感恩，我们的成长便有雨露润泽，我们的心灵便纯洁高尚；三是感想，因为感想，我们的心里充满阳光，我们的生活更加辉煌灿烂。

大约七百年前，马可·波罗去世前，人们再一次问他：你所说的那些关于东方中国的事，到底是不是真的？马可·波罗回答说："我告诉你们的不及我看到的一半。"借用马可·波罗的话：今天我所告诉你们的，不及你们所感受到的一半。来永安乡中学吧，用你们的眼睛发现感动，用你们的心灵接受感恩，用你们的双手描绘风景，用你们的智慧创造人间奇迹！

谢谢大家！

做最好的自己

——在永安乡中学2006年秋季学期开学典礼上的讲话

老师们、同学们：

今天，我们在这里举行2006年秋季学期开学典礼，在这个典礼上，我们还将对这一个学期以来，在学习上取得突出成绩的学生进行表彰奖励。在此，让我们以热烈的掌声对获奖的学生表示热烈的祝贺。

同学们，在上一学期的开学典礼上，我给同学们讲了一个阿三的故事，反映的主题思想是要同学们做一个有素质的人。一个学期过去了，我们很高兴看到，随着全校师生素质的提高，学校正在发生变化：

一是校风校纪有了根本好转。上一学期，通过实施《永安乡中学学生管理十条禁令》，学校一度混乱的局面已经不复存在了，学生打架、抽烟、喝酒等不良习气得到了根本改善，早晚在室内室外读书的学生越来越多。

二是办学条件有了根本改善。我们学生新宿舍大楼、食堂及校园一卡通已正式投入使用，各班教室的"三机一幕"正在安装，这在全县中学是首次。

三是师资力量大大增强。今年，我们首次面向全县师范类院校毕业的大学生招聘，择优高薪选聘了近十名优秀教师，还聘请了武术教练。这些大学生，都是学校的优秀毕业生，各有特长，他们的到来，将使我们的学校充满朝气和活力。我们相信，在原有老教师的带动下，学校已经具备了一支思想品德高、业务素质好、结构合理的教师队伍，这支队伍的建立，必将为永安乡中学的发展翻开新的一页，必将为永安乡中学的改革谱写新的篇章。在此，让我们以热烈的掌声欢迎他们的加入。

四是素质教育质量有了很大提高，我们的《青龙文学》校刊今天将正式和大家见面，"梦想之旅"艺术团现开始报名。特别是今年初中升学考试，我校学生被松桃民族中学录取36人，录取人数居全县乡级中学第一，在全县各级各类中学中名列第八，这已经是一个很了不起的突破，刷新了永安乡中学的历史，使老百姓对永安乡中学有了新的认识和看法。今年小学毕业生，没有一个到县城就读，而从县城转入我校的共13人，除十几个因地域关系随父母外出的学生到外地读书外，其他的全部选择了永安乡中学。

五是学校班子的执政能力得到了加强。校委会全体成员都能识大体、顾大局，以身作则、率先垂范。在暑假期间冒着烈日义务为学校安装水电、挖土填方、监理施工。我们在负债90多万元的情况下，不但保证了学校工作全面正常运转，而且逐步完善了食堂、宿舍、河堤、校门、电教等修建工程。实践证明，我们这个班子是一个不怕困难、不怕挫折、敢于挑战、敢于胜利的班子。我们相信，我们能够顶住一切压力，以打造"双优文明学校"、花园式学校、远程教育示范学校为目标，力争实现三年之内考入省一类示范性高中的人数有较大突破，升入松桃民族中学人数达到100以上，把永安乡中学从一个新的起点带向新的辉煌。

这些成绩的取得是同学们勤奋学习、全校教师辛勤耕耘的结果。明天，是我国的第二十二个教师节，在此，我谨代表校委会向一年来辛勤耕耘的各位教师致以节日的祝贺并表示衷心的感谢和崇高的敬意！

今年中考成绩出来之后，我一直在想，在一个非常低的起点上，面对一届基础并不十分好的毕业生，面对如此强烈的竞争，我们为什么能取得如此成绩，答案只有一个：做最好的自己。做最好的自己，这就是本学期开学典礼我要为你们讲话的标题。

做最好的自己，需要专注

有这样一件趣事：中央电视台要招一名都市新闻记者，面试题为穿针比赛，谁最快谁就是胜利者。人们不理解为什么这样考，主考官的意见是要考查应聘者的专注能力。专注是一种素质、一种能力，体现着一个人做人处事的态度和风格。现实中有些人并不缺乏雄心壮志以及奋斗的毅力，但往往最终无所作为，因为他们并没有始终专注一个目标并为之奋斗。你们看美洲豹捕猎动物的情景，它一旦锁定了猎物对象，往往穷追不舍，对追捕中离自己更近的其他动物往往视而不见，因为它知道，如果它重新选择目标，意味着一轮追击又要重新开始。

同学们，也许你现在还在一个不起眼的位置上，也许你现在正在一个基础较薄弱的班级里学习，请不要妄自菲薄，不思进取。你要知道，专注于小事，可以干成大事，专注于大事，可以成就伟业。如果你坚持不懈，专注于学习，做最好的自己，说不定哪一天，你也会一飞冲天，一鸣惊人！

做最好的自己，需要勤奋

在此，我想把我的写作之路与大家分享。我一直有一个爱好和梦想，就是把自己写的文章变成铅字，在全国的报纸杂志上发表，从大学开始我就不断地写稿投稿，其结果都是退稿。那时候写稿没有电脑，写了如修改需要重抄，我不怕苦不怕累，不气馁不放弃，直到 2000 年，我才在《教师博览》上发表了我的第一篇文章，之后就有文章不断见诸报端，至今已在全国刊物上公开发表文章 50 多篇。

我之所以要告诉你们我成长的故事，并不是说我身上有多少迷人的光环。其实，我也并非天资聪颖，在读书的年代，我也一直都不是优秀生，每逢开学,学校举行开学典礼,都要对优秀学生进行表彰奖励,几乎都没有我的份,内心除了羡慕就是嫉妒。我却一直没有放弃过,我始终坚信勤能补拙,一直把读书当成我生命的一部分,直到今天,我一直都是一个书迷。参加工作后,我领到了很多奖状,与昔日的同学们见面后,他们也像我当年一样,或羡慕或嫉妒,非要我告诉他们我成功的原因。我说,这很简单,我一直在读书,而你们却一直在工作。

同学们,我想告诉你们:成功不会无缘无故降落到那些没付出任何努力的人身上,成功也不会永远拒绝那些勤奋好学的孩子!同学们,现在正是你们读书的最好时候,好好珍惜光阴。农民起义领袖陈胜有一句名言:王侯将相,宁有种乎?难道王侯将相是天生的贵族吗?世界上没有任何事情是注定的,我告诉你们,别拿自己不当根葱,做最好的自己,任何事情,只有想不到,没有做不到。

做最好的自己,需要勇气

同学们,教师上课需要你回答问题的时候,你是不是第一个勇敢地举手站起来?班上开展活动需要人参加的时候,你是不是第一个向教师要求"让我试试看"?当你看到别人被欺负,你是不是大呼一声"住手"?如果是这样,那我不得不佩服地说一声"好样的"!如果不是这样,那也没有关系,你以后遇到上面的情况,想都不要想,先按上面的做了再说。

初一教材上有一篇文章,题目是"走一步,再走一步",只要你迈出了第一步,你就离成功不远了。做最好的自己,需要勇气。勇气是战胜一切困难的法宝,勇气是通向成功之门的钥匙。同学们,在人生的道路上,你们将面临无数的困难和挑战,困难有时候就像追着人汪汪直叫的小狗,你越害怕,越后退,它就越得意,越要咬你。因此,遇到困难,后退是最愚蠢的办法,弯下腰,变成一只老虎,困难就会像小狗,跑到楼板下面无奈地躲藏。因此,如果你在生活上遇到了困难,就向别人大声说:我需要帮助。要始终相信困难是暂时的,生活是美好的,在勇敢的字典里,困难、挫折、失败都找不到。如果生活把你摔在了旷野，你就做一匹狼；如果生活把你摔在了大山，你就长成一棵挺拔的树；如果生活把你摔向了大海，你就变成一头鲸；如果生活把你摔在了蓝天，你就做一只雄鹰。你就是你，是这个世界上独一无二的人，是最好的自己！

做最好的自己，要学会感恩

首先要感谢你们的父母，在你们的身上，父母寄予了太多的期望，你们作为孩子，最大的孝顺就是不让父母流泪。一个让父母伤心的人是最让人看不起的。其次，要感谢你的母校，因为它是使你们从无知到有知，从大山走向世界的引路人。今天你以母校为荣，明天母校以你为荣。珍惜母校的荣誉，为母校争光，不给母校抹黑，让你的名字永远雕刻在母校的光荣榜上，闪闪发光，照亮你的一生。最后，感谢那些曾经帮助过你的人，因为人间有情，所以我们生命有了精彩，因为世界有爱，所以世界永远充满阳光希望！学会感恩，你就学会了远走，学会了迈向成功的第一法则。

同学们，新学期，新起点，新目标，新希望！让我们在新的一年里，以崭新的精神面貌，为做最好的自己而努力奋斗！

谢谢大家！

做一个有素质的人

——在永安乡中学2006年春季学期开学典礼上的讲话

老师们、同学们：

也许大家都已经知道，我叫什么名字了。我叫杨鹏，这个"鹏"是朋友的"朋"加一个"鸟"字，这个名字是我到永安乡中学读初三的时候自己取的，其意思是"以鸟为伴，自由自在地飞翔"，总希望能摆脱小时候的重负，以获得心灵的自由。然而，世事并非如人所愿，对一个敢于负责、有良心的人来说更是如此。

我二十岁师范毕业参加工作，二十一岁在永安完小任副校长主持学校工作，继而又任永安教辅站站长，永安乡中学校长。一路走来，除了感觉到压力和责任，我根本就没轻松过，就像有首歌唱的，有时候我觉得自己像一只小小鸟，想要飞却怎么样也飞不高。去年，我到教育局工作后，算是完成了我多年的梦想和愿望，但不知怎的，迈进教育局大门后，我又想回来。很多人不理解，就像我在《迂回在教育的边缘》一文中所写的：我决定从教育局打马回乡。这让那些对我的仕途一直怀有很高期望的人大失所望，朋友们纷纷打来电话，问我为什么要放弃县城优越的工作条件到农村搞基础教育。除了爱与责任，我实在找不到回乡的理由。

因为爱，我选择了回乡；因为责任，我来到了永安乡中学。

我爱我的故乡永安，这是生我养我的地方，永安虽然贫穷，但永安人民勤劳勇敢，真诚善良，尤其有尊师重教的传统，是个办教育的好地方。

我爱我的母校永安乡中学，这是教我育我的地方，我们很多人都从这里启航。母校虽然简陋，但有敢于做大、敢于做强的信心、决心和精神。

我爱我的同事，我们的学校领导班子是一个老、中、青结合的"黄金搭档"，我们团结、有智慧、有远见、富有朝气活力、敢于开拓创新，我们都有多年的管理治校经验，如果我不来，如果我不在，他们每一位都是出色的校长。我们的教师是一支受过良好教育的团队，是一匹匹能驰骋千里的骏马。

我爱我们的学生，我出生在一个偏僻的乡村，那种血泡磨成老茧的疼痛和汗水洒成雨滴的艰辛至今记忆犹新，为山所苦，大山让我刻骨铭心，因钱而困，艰难让我至今心有余悸。我辍过学，在家劳动整整一年，我做过生意，从化稿坪这个小山村长途跋涉挑一挑构皮到木黄镇去卖，换得几个零用钱。因为没钱，我曾是大家上课一个星期之后，才凑足报名费到永安乡中学读书的人。因为没钱，为了赶到县城去体检，我曾顶着深深的夜幕半夜三更在山路上行走。所以，我很理解同学们的艰难。

但同学们，你们要知道，在这个世界上，除了你们的父母，没有谁比老师更爱你们，老师批评你们也好，吼你们也罢，大多都是因为爱；你们聪明也好，愚笨也罢，都是能够拥有幸福生活，拥有美好未来的孩子。我之所以要告诉你们这些，我是要你们知道：农村很苦，努力读书才能改变你们的命运。同时也要让你们知道：贫穷不可怕，困难不可怕，在勇敢和坚强面前，困难、贫穷、苦难都是胆小鬼。

今天是我与大家正式见面的第一天，心中有万语千言，却无从说起，就像我刚来永安中学的时候，各种事情千头万绪，让我无从下手，我能给大家说什么呢？就讲"做一个有素质的人"吧，先给大家讲一个故事（故事大意是阿三是一个没有文化、没有素质的人）。

很好笑是吗？如果你是为阿三的傻而笑，那很遗憾。我想问你们，阿三有什么？（有点儿傻）那我再问你们，阿三没有什么？（没有素质）

对，素质！什么是素质呢？所谓素质就是知识、修养、品德在一个人身上的综合体现，就是为人处事、治学求知分得清轻重，看得到场合，做得有分寸。素质就是价值，素质就是金钱。因为没素质，所以让人看不起；因为没素质，所以没有地位；因为没素质，所以被社会淘汰。

同学们，如果你想你长大以后，成为受别人尊重的人，成为一个有价值的人，那我告诉你们，从今天起，你们应该努力成为一个有素质的人。

怎样才能成为一个有素质的人呢？

首先，你们要做一个道德品质好的人。评价人才的一个标准就是德才兼备。德是才之首，有德无才是庸才，有才无德是坏才。考兵、招聘干部、提拔领导都必须政审，政审合格才可以。如果一个人在年轻的时候就使坏，这就像一张干净的白纸，染上了污点，永远也擦不干净，谁不想给自己的人生绘一幅美丽的画卷呢？但你已经把纸弄脏了，即使心再灵，手再巧，你绘出来的依旧是张有污点的画。所以，我奉劝大家，请遵守纪律，珍惜自己的荣誉，珍爱自己的青春，让自己的人生有一个干净的起点，有一个美好的未来。

其次，你们要做一个有学问的人。社会是一个很大的空间，这空间比你们想象的要大、要宽、要复杂得多。在这个世界越来越小的今天，我们实在无法想象一个没有学问的人，他的人生会是什么样子。你们想想自己的父母，自己的祖祖辈辈，因为没文化，吃了多少亏，受了多少苦，遭过多少罪，然后就知道，如果没有学问，你们的将来会是什么样子。

谁知道世界首富（最有钱的人）叫什么名字？（比尔·盖茨）他在什

么学校就读呢？（世界著名大学哈佛大学）。不难看到，一个拥有世界最多财富的人，首先是一个受过良好教育的人，是一个优秀的学生。也许你要问，那我们永安乡中学是名牌学校吗？我怎么回答你呢？说是也行，因为从今天起，永安乡中学将从一个新的起点向前走。在这里我可以给你们透露一些消息，为了把我校办成名校，我们将采取以下措施：第一是要加强学校内部管理，逐步规范师生的行为。我们把今年定为"正风年"，是否在加强管理，同学们可以看得到。第二就是要重奖品学兼优的师生。我们正在制定有关教师、学生的考核评价方案。对成绩优秀的学生，对教学效果突出的教师实行重奖。第三就是要引进优秀师资，下学期我们将从师范类毕业的大学生中引进两名优秀英语教师，一名音乐教师，一名美术教师。第四就是要真正实施素质教育，我们马上要组建一个素质教育研究中心，开办英语、音乐、舞蹈、武术、作文、美术、体育等多个社团，利用周六进行培训，让每一个学生都能拥有一项特长，同时要成立一个艺术团，要让有才艺天赋的学生找到梦想的舞台。第五就是改革后勤工作，我们将搞一个勤工俭学总站，下面有食堂、食品超市、理发部、电话超市、打印部、浴室等服务设施，学生用IC卡持卡消费。

因此，如果你想成为一个有学问的人，那你现在选择永安乡中学就是对的；如果你不想吃苦，想过早地享受自由，那你赶快走还来得及，因为我们不会挽留没有志气、没有理想、没有毅力的学生。

最后，你们要做一个健康的人。世界上最宝贵的财富不是金钱，不是地位，更不是爱情。有人讲，健康就是财富，健康就是一切。所以，一个想做大事的人，首先是一个拥有健康体魄的人。所谓健康，不仅身体要健康，心理也要健康。一个心理健康的人首先是一个开放的人，能够和别人交流、沟通。其次是一个勇敢的、敢于承担责任的人。所谓勇敢就是敢于面对和正视困难。所谓敢于承担责任，就是对自己的过错敢于承担，为自己的行为负责。最后就是一个顶天立地的人，人生天地间，说话做事，一言九鼎。

同学们，如果你拥有了良好的品德、高深的学问和健康的身体，那你就是一个有素质的人，一个有前途的人，一个有美好未来的人。如果你现在还没有，那我告诉你们，在永安乡中学好好学习吧！如果你是一匹骏马，那永安乡中学就是宽阔的草原；如果你是一棵大树，那永安乡中学就是肥沃的土地；如果你是一只雄鹰，那永安乡中学就是湛蓝的天空。我们全校教师是一支为你打造梦想的队伍。

同学们，心怀梦想赶路吧！请记住我给你们讲的阿三的故事，做一个有素质的人，做一个大写的人，做一个有益于自己、有益于人民、有益于社会、有益于国家的人。

谢谢大家！

第三篇
立志育人

有志气　肯拼搏　懂感恩

——在松桃民族寄宿制中学 2017 年春季学期开学典礼上的讲话

亲爱的家长、老师、同学们：

谢谢大家的欢呼和鼓掌！我不是明星，当年中考，平均分也就 89 分，和这些平均分 90 分以上的戴大红花的学习明星相比，算不上优秀，特别是今年初三全县统考，13 班的张小婷、14 班的吴骏玲、15 班的平佳静这"三朵金花"以 719 分（平均分 96 分）并列全县第一名，加上 15 班吴雨歆、曹文杰，14 班陆若冰、陆烨丹，13 班杨巧，我们学校包揽了全县 700 分以上前 8 名。这些同学请站起来，和大家打一下招呼。这 8 名学生中除了 15 班的曹文杰是男生之外，另外 7 名全是女生，真是"七仙女"下凡，请坐下。幸好初二第一名是滕涛，第二名是杨洵，第三名是龙夏雨，初一第一名是冉蕾，第二名是杨鹏程，第三名是吴政海，请站起来，有 5 个男生，请坐下，这才扳回了一局，要不然让我这个男校长情何以堪。所以，欢呼、尖叫和掌声应该送给我们今天受表彰的同学，真心地佩服你们，衷心地祝贺你们！

新学期，我给同学们提三点希望。

第一是有志气

所谓有志气，简单地说就是有理想抱负和争上进不服输的精气神。我平常没上课任务,就经常给同学们长篇大论地讲志气,学生们听起来很空洞,有同学强烈要求:"杨校长,讲这些听不懂,浪费流量,不如发个红包。"但我依旧想告诉大家:志气是优秀人才身体里最高贵的基因,志气是成才成功道路上最强大的动力。童第周有志气,留学时写下"一定要争气",最后成了伟大的科学家。周恩来有志气,从小立下"为中华之崛起而读书"的誓言,最后成为中华人民共和国的总理,成了伟大的政治家。也许,你们认为这些太遥远,那我说个近的:四年前四中毕业的你们的师兄龙滕辉,去年我到湖南的民德中学考察,他在那里读高中,我问他今后要考哪所名校,他说,我一定考上北大,为母校争光。去年高考,他以702分的优异成绩被北大录取,成为全市文科状元,在全省近10万文科考生中排名第三,仅仅比全省第一名少2分。在座的90分以上的同学如果有志气,说不定,你就是下一年的中高考状元。那么,成绩靠后一点儿的同学就没希望了吗?我有个永安籍的学生,初中成绩不好,在二中读高中后通过美术艺考考入贵州大学,前年给我讲,他要考研究生,我心想,你基础不好,能行吗?前年没考上,去年继续考,前天他发短信告诉我,他已被四川美术学院录取。看看,我讲的这两个学生,他们都是来自普通家庭,条件不算好,他们奋发图强的愿望来源于他们的志气,他们勇闯天涯的决心在于不屈的精神。所以,不要为自己的堕落找借口,不论你现在起点在哪儿,也不管你贫穷富贵,只要你有志气,你就青春无敌,你就青春无悔,你的青春就会展示无限的风采!

第二是肯拼搏

四中是全县最好的中学,是全县小学毕业生梦想的地方。四中这些年有五个金字招牌:四中是贵阳一中、铜仁一中、松桃民族中学等省级示范性高中优质生源学校,生源十分优秀;四中办学条件从外到内集绿化、美化、文化、信息化、现代化于一身,办学条件十分优越;四中骨干教师、名师云集,阵容强大,师资十分优质;四中连续两年被评为全市教育系统先进集体、先进基层党组织、安全文明校园,学校管理十分规范;四中连续两年被评为全市城区初中教育质量先进单位,每年考入省级一类示范高中铜仁市第一中学的超百人,各年级平均分80分以上的超200人,优秀学生已占全县半壁江山。建校以来,从我校毕业后上高中考入北大、清华的学生有14人,教育质量十分优良。这些辉煌的成就,这些优秀学生的荣光是全校师生奋力拼搏的结果。四中再好也要你们自己努力,不要以为进了四中不苦学就能考上好高中,不要以为有好老师教不苦拼就能取得好成绩,更不要以为你是天才不苦钻就能成为中考状元。不要在通往优秀的路上找捷径,变成学习明星最简单的方法就是拼搏。拼搏就是吃苦,现在苦叫辛苦,今后苦叫痛苦,现在苦拼一阵子,今后幸福一辈子。拼搏就是受累,现在累是流汗,身体累心不累,今后累是流泪,身心都很累。感觉累说明你是在走上坡路,是人都会累,不累说明心脏已经休息。拼搏并不可怕,可怕的是太多比你优秀的人已经开始拼命,你还不拼,哪来的好命?所以,希望你们去拼搏,拼搏到感动自己,去努力,努力到无能为力。

第三是懂感恩

"感恩"两字,都有心字底,或者说都在心上。感恩父母。在这个世界上,只有父母对你最好。孝敬父母不是要你给他们买东西,也不是要你今后当官发财,遵纪守法不惹事不让父母操心,健康平安早回家不让父母担心,学习进步品德好能让父母开心就是对父母最好的孝敬。玩手机的时候想想你的父母,你在手机上刷屏,你母亲在家里刷碗。你在游戏中通关,你父母在工地上挑砖。你在给别人点赞,你父母在为学费苦赚。父母给你买手机,本想经常听到你报告喜讯的声音,而你却用来伤害自己那双明亮的眼睛,经常玩手机的你成绩不突出,可能腰椎间盘会十分突出。要好好珍爱和父母相处的时光,因为随着你们渐行渐远,与父母相处的时间会越来越少,相聚的时光会越来越短。

感恩老师。在这个世界上除了老师没有任何一个人会给你教育而不计回报。没有任何一个人在你犯了错误还依旧不离不弃对你包容。老师肯教育你是因为你还有希望,老师肯帮助你是因为他还没放弃你。要好好珍惜与老师相处的时光，因为，在你成长的道路上，除你父母外，只有老师对你是时时担心，常常挂念，默默期望。

感恩同伴。相聚是缘，不要和同学打架，打架是智商情商都有问题，要么是你智商太低，对一个简单的问题想不通，智力解决不了才使用武力。要么是你的情商不高，不知道同学情是你人生中最真挚的友情。父母给了你一个健全的身体，你没权利让它受伤，打架除了双方身心受到伤害，从来解决不了任何问题。不要太过自我，要找那些比你优秀的同学做朋友，与谁为伍，决定了你是不是优秀。朋友落难，不要嘲笑，你要伸出援手，这叫雪中送炭。朋友风光，不要嫉妒，你要祝福，这叫锦上添花。可以与异性做朋友，但禁止谈恋爱。

懂感恩是人生大智慧。感恩会让你赢得更多人的帮助，忘恩负义的人从来都是长不大走不远的小人。会感恩，你心中永远充满阳光和快乐，人生永远都是温情和希望。

同学们，校长没钱，讲话很空。我把今天讲的"有志气、肯拼搏、懂感恩"这三点当成零钱塞进红包发给你们，希望你们抢到之后装进自己前进的行囊，助你们一路远走高飞，一路精彩辉煌！

衷心感谢各位家长前来参加我们的开学典礼，感谢全校师生耐心地倾听我的认识！新学期、新起点、新希望，让我们树立远大志向，负重拼搏，更加团结、更加珍惜，为创建四中的美好明天而努力奋斗！

最后，祝大家工作顺利、身体健康、学习进步，2017年，一切都好！

有梦想　能吃苦　就优秀

——在松桃民族中学2016年秋季学期开学典礼上的讲话

尊敬的各位领导、老师，亲爱的同学们：

上学期有幸参加松桃民族中学（以下简称"松中"）的感恩节暨毕业典礼，我是既流汗又流泪，流汗是因为太阳太大，流泪是因为感动太深。走在石梯上，有个松桃民族寄宿制中学（松桃四中）毕业的女生拿着校服要我给她签名，让我享受了一回明星的待遇。签好名之后我对她说："宝贝，加油！你在松中，我们骄傲！"典礼结束的时候，上来一位男生说："我叫杨鹏，和我们母校四中的校长同一个名字，只不过他是大鹏，我是小鹏。"对！大杨鹏今天来了，欢不欢迎，你们用行动表示一下！都是些高素质的学生，我讲得好不好已经不重要，关键是你们肯用你们的双手热情地鼓掌！

站在这个台上，我是盼望已久。我没有你们幸运，没读过高中，初中毕业就读了松桃民族师范，相当于今天的中职学校，不因为别的，就因为我成绩太好！真的，那时候，云落屯下的松桃民族师范录取分数高于很多当时的重点高中。教书了我没能上高中，主要是因为我工作22年，20年都在当校长，还没找到教高中的机会。今天，应你们龙黎明校长之邀，能有和同学们学习和交流的机会，也算圆了我的高中梦。那么，我和大家分享什么呢？我今天只和大家说三句话：

第一句：没有梦想，你来松中干什么？ 同学们仔细回忆，每年的开学典礼，校长们都要给大家讲梦想。同学们听多了就烦，都是些老套路，都是些大而空的真实的谎言。请别怪我们，梦想很空，校长很穷，梦想就成了校长送给同学们不花钱的最好的礼物！梦想是什么？梦想是散落在你心中的种子，没有梦想，你就永远不会心花怒放！梦想是坐落在彼岸的那盏明亮的灯塔，没有梦想，你的人生常常会偏离航向。有人说：我们每个人都应心怀梦想，万一实现了呢？能考上松中的都是全县万千学子中的优秀学生，你们肩负民族兴旺、担当松中未来、承载家庭荣辱、决定人生成败，凡到松中者，皆为圆梦来，没有梦想，你来松中干什么？

第二句：不能吃苦，你来松中干什么？ 松桃教育有"五苦"：政府苦办、学校苦抓、教师苦教、家长苦送、学生苦学。政府举债数亿修全省最漂亮的松中可谓用心良苦，学校勤俭节约穷心尽力抓管理异常艰苦，教师挑灯夜战挥汗洒泪抓质量功高劳苦，家长打工挣钱倾尽全力送子女读书含辛茹苦。请问你们，哪样不苦？学习肯定是一件特别辛苦的事。不要指望有哪一所优秀高中能让你们不苦学就能考上好大学，不要指望有哪一位优秀教师能让你们不苦学就能取得好成绩，不要指望哪一位优秀学子不苦学就能成为高考状元。纵观全国高考成绩辉煌的高中，像北京四中、湖北黄冈中学、重庆巴蜀中学、天津南开中学，等等，哪一所学校的学生不是苦学成才，就是号称"全国高考最强军团""高考巨无霸"的某中学，也是把学生的作息时间精确到了分，那份学习之苦，只有学生知道，无法言说。我想告诉大家，在这个世界上，干什么都不容易。不吃苦，老师帮不了你，松中救不了你，你自己也无法自救。苦拼一阵子，幸福一辈子，聪明的你们肯定想得通。所以，来松中，就为吃苦而来，不能吃苦，你来松中干什么？

第三句：不想优秀，你来松中干什么？ 松中建校近百年，底蕴深厚，人才辈出。你们的校友从政有高官、从业有专家、从商有巨富，无数精英遍布全国乃至世界。松桃民族中学被誉为"民族人才之摇篮",不是哪级政府封的,是老百姓的口碑。你已经是松中人,站着,彰显松中形象:自信、阳光、坚不可摧;动着,展示松中精神:拼搏、奋斗、创造奇迹!平庸不是松中学子的代号,优秀才是松中学子的特质。能来松中,你不平庸,走出松中,你更加优秀,这就是松中学子的成长路径,也是松中学子的本色选择!不想优秀,你来松中干什么?

今天,我说的三点连起来就一句话:有梦想,能吃苦,就优秀!把这句话送给松中的学子,祝福你们成长优秀、梦想成真!松中、四中,原为一校,今又联盟,山同脉,水同源,携手前行,共荣共生!松中在崛起、松中正青春、松中更辉煌!松桃四中力挺你们,松中加油!

谢谢!

优秀　光荣　希望

——在松桃民族寄宿制中学 2016 年春季学期开学典礼上的讲话

各位老师，同学们：

今天，我们满怀期望在这里举行松桃民族寄宿制中学（以下称"四中"）2016 年春季学期开学典礼，在这个典礼上我们将对上一学期取得优异成绩的优秀学生和在班级管理中有优异表现的班干部予以表彰。在此，我代表学校向他们表示热烈的祝贺，并对一学期以来呕心沥血工作的教师表示衷心的感谢和崇高的敬意！

按照惯例，每学期我在开学典礼上都要讲话，我曾讲过《怀揣梦想走四方》《学校因你而精彩》等，不知对你们是否有所启迪。而我今天要讲的题目是《优秀 光荣 希望》。

四中是优秀的四中。2015 年中考四中师生创造了前所未有的辉煌，600 分以上 8 人，500 分以上 267 人，铜仁市第一中学录取 47 人，省级示范性高中录取 456 人，总分、平均分全县公办初中排名第一，全市 234 所公办初中里排名第十二，荣获全市城区初中教育质量二等奖。2015 年秋季学期期考初一年级 7 科平均分 90 分以上 13 人，平均分 80 分以上 184 人。初二年级 8 科平均分 90 分以上 41 人，平均分 80 分以上 217 人。初三年级

4科平均分90分以上30人，平均分80分以上196人。初三全县统考，我校15班刘晨曦以570分夺全县之冠。全县前10名我校有8人，全县前100名我校有54人。我校杨巧获县"汉字听写大赛"一等奖，冉淼获全县"主持人大赛"一等奖，龙垚获全县"讲党的故事"比赛一等奖，并代表全县参加铜仁市比赛。四中可谓学霸云集，高手众多，精英集聚，英才辈出，真的是"想不优秀都难"！

四中是光荣的四中。2015年，我校胡支芬、杨洲、袁政军、李小英、龙俊瑜、王珍、冉华兵等教师分别获全国数学竞赛指导教师一等奖。我校杨玉英老师获市、县历史优质课竞赛一等奖。田微丽、黄焕、付芬、龙松祥、李小英、冉吕、石海平、梁克三分别获全县相关学科优质课竞赛一等奖。教师共有国家级论文4篇、省级论文6篇、县级论文30篇获奖或发表。王珍老师获市级优秀教师表彰，杨鹏、陈琼、杨猜、唐金伟、杨祥等老师获县级先进个人表彰。学校先后在全县教育管理经验交流会、"四在学校幸福校园"（吃、住、学、乐在学校）现场交流会、全县教师节表彰大会上作先进经验交流发言。学校支部被县委评为"先进基层党组织"。学校荣获铜仁市教育系统先进集体、县一类校教育管理一等奖、县德育工作先进单位、县安全综合治理先进单位等多项荣誉称号。四中师生用智慧和汗水铸造了这么多奖牌，作为四中人，我们感到无比光荣和自豪！

四中是希望的四中。今年，学校新建的学生宿舍、食堂、浴室建设工程年底完工，结束学生吃住拥挤的历史，学校的塑胶运动场、篮球场将于下学期建成投入使用，学校将绿化、美化、净化校园环境，建好学校"十景观十看点"，努力把四中建设成为全县最美初中。

借此机会，我向同学们提出三点希望：第一学会吃苦，现在不怕苦，苦一阵子，现在怕苦，苦一辈子。想要优秀就必须吃苦，不想优秀，你就不该来四中。第二学会珍惜，珍惜你在四中读书的机会，四中是全县最好的中学，是全县很多小学毕业生梦寐以求的学校，能在四中读书是你一生的骄傲，你来了一定要珍惜在四中上学的机会。你要珍惜青春，珍惜时间，珍惜友谊，珍惜向老师和优秀学生学习的机会，懂得珍惜，你才会富有。三是要学会感恩，世间有两种恩情不能忘，一是父母的养育之恩，二是教师的教育之恩。父母给了你身体，教师丰富了你的知识和精神，身体长大，精神更要长高。世间最无私的爱有两种，父母给的和教师给的。你也许会辜负别人，但决不能辜负给了你大爱的恩人。

新学期、新起点，新希望。在新的一年里，请你们告别"不良"，秉承四中光荣传统，拼搏奋进，创造辉煌！

学校因你而精彩

——在松桃民族寄宿制中学2015年春季学期开学典礼上的讲话

各位老师，同学们：

当满目萧条渐渐变成青山，当树木枯枝渐渐透出花香，我们又满怀期望在这里举行松桃民族寄宿制中学（以下称"四中"）2015年春季学期开学典礼。在这个典礼上我们还将对优秀学生和优秀班干部予以表彰。在此，我代表学校向他们表示热烈的祝贺，并对一学期以来各位教师兢兢业业的工作、默默无闻的奉献表示衷心的感谢和崇高的敬意！

过去的一年，松桃四中发生了根本的变化。干净的校园，师生规范的言行，不断提高的教育质量，让四中展现出了新的风采。四中为什么变化这么大？答案就是我今天讲话的标题《学校因你而精彩》。

学校因你而精彩，这句话首先要送给我们所有行政人员。在这一年里，我们没有假期，"5＋2""白＋黑"地工作，建立健全了学校相关规章制度，实施了学校装修工程，指导和监督了学校教育教学管理全过程，学校先后获得办学条件优秀单位、德育工作先进单位、学科渗透法制教育先进单位等多项表彰，受到上级领导的充分肯定和群众的一致好评。

学校因你而精彩，这句话要送给我们所有的班主任。我们的班主任感觉去年是最苦最累的一年。这一年里，他们抓管理、促规范、求提高，使学校全年没发生一起安全责任事故，学生在班主任的精心管理下平安健康，快乐幸福地成长。

学校因你而精彩，这句话要送给我们的老师们。四中的老师很优秀，去年，在全县教师优质课竞赛中，我校李春秀、邹大艳、冯国胜、麻荣四位老师都获得了一等奖，在今年的期末考试中，很多老师的班级考试成绩都创造了新的辉煌，其中，田红老师、罗芳丽老师所教的语文成绩在80分以上的人数超过一半。吴志安老师、王珍老师、何明龙老师、张双发老师的数学平均分达91分，优分率达到了94%。陈胜良老师、王福念老师的英语平均分达到95分，优分率达到100%。唐忠权老师的物理平均分达到89分，田清蓉老师的政治平均分达到83分，吴俊成老师的历史平均分达到91分，冯国胜老师的生物平均分达到93分。因时间关系，这里不能一一宣读，他们都是学校优秀教师代表，他们用智慧、心血和汗水成就了精彩，这是忠于职守，忠于教育，为四中发展做出巨大贡献和为教育献出了热血青春的最好例证。每一位优秀教师都是学校的一张名片，我校教学质量的迅速提高，很多到秀山、铜仁及乡镇就读的学生纷纷要求转入我校就读，学校得到了家长的充分信任和社会的一致好评。因为有了这些教师，我们学校就有了发展，因为有了这些教师，学校就变得无比精彩。老师是学校这座大楼的柱子，是支撑四中教育质量之栋梁。所以伸出你们的双手，用热烈的掌声感谢他们。

学校因你而精彩，这句话要送给我们的学生。走进四中大门的第一件事，不是报名，是要寻找心中的梦想。梦想是船，开启人生的航向；梦想是灯，照亮前行的路。四中是产生学霸的地方，上学期期末统考，初一年级七科平均分达90分以上的有28人，80分以上的241人，其中全年级前五名分别是13班的杨巧、15班的杨敏、13班的田心、14班的吴骏玲、13班的张小婷、15班的平佳静，他们的平均分都在93分以上，而且至少有1科是满分。初二年级8科平均分达90分以上的有44人，平均分达80分以上的有230人，其中全年级前5名分别是14班的龙志宏，平均分97分，有 4 科考满分；15 班的麻月英平均分 96 分，有 3 科考满分；15 班的熊芳平均分 95 分，3 科考满分；麻炫平均分 95 分，1 科考满分；14 班的彭继和唐诗琦平均分 95 分，有 2 科考满分。初三年级平均分 90 分以上的有 13 人，平均分 80 以上的有 127 人，其中全年级前 5 名分别是 13 班何靖宇、龙茂林、14 班杨微，11 班张露，15 班芦嘉诚，平均分都在 92 分以上。这些都是学校里的学习明星，在四中，老师要靠质量说话，学生要靠成绩说话，你们不一定能记住他们的名字，但是你应该能想象他们是多么努力，今后，在他们之中肯定有多个学生会考入北大、清华，所以，我们每一个人都应该心怀梦想，如果你是一条船，四中就是大海，如果你是一只鹰，四中就是天空，只要你有梦想，只要你肯奋斗，四中都会给你机会。你都能成功。

学校因你而精彩，这句话要送给各级领导和家长朋友。 四中持续健康快速发展，得益于各级领导对四中的高度重视和亲切关怀，帮助学校解决了很多具体困难和问题，让学校有了坚强的后盾和坚实的发展基础。四中也非常感谢各位家长朋友，是家长们无条件的信任和支持让学校发展有了良好的生态，是家长的不断建议和监督使得学校工作逐步改进，家校联动推动了学校办学水平不断提升。

四中是全县的重点初中，全县仅有的一所，所以你们就是唯一。作为四中人，你们要脑中充满智慧，脸上洋溢着自信，心里铭记着感恩，你们要活出四中的精彩。我希望你们学会宽容，学会相处，学会感恩，学会在困境中努力，学会在失败中拼搏。你们来到了四中，就来到了圆梦的地方。因你的到来，让我们看到了一份自尊，一种朝气，你的班级因有你而光荣，我们因有你而欣慰，学校因有你而精彩！

又是一年春来到

——在永安乡中学2010年春季学期开学典礼上的讲话

尊敬的各位老师，亲爱的各位同学：

当春水浸润田野，当青山开满鲜花，我们又迎来了一个新的春天。今天，我们又以无比激动的心情在这里举行新一学期的开学典礼。在这个典礼上，我们将对取得优秀成绩和为学校发展做出突出贡献的学生和教师颁奖。在此，我首先对他们能荣获如此殊荣表示最热烈的祝贺，并对一直以来为学校发展兢兢业业工作的各位老师表示衷心的感谢！

坐在这里，我忽然想到四年前的春天，也是这样一个日子，我刚来永安乡中学，也在这里举行开学典礼，那时留给我的是这样一个场景：320名学生，26个教师，几幢破旧木房，一年考到松桃民族中学（县一中）的学生不到10人。那时候，我给大家的承诺只有三句话：一是让所有的学生都读书，二是让所有的学生都在好的条件下读书，三是让所有的学生都把书读好。光阴似箭，转眼四年过去，坐在这台上面的依旧是我们，而其他早已发生了变化：学生增加了近400人，教师增加了近20人，所有木房已被漂亮的高楼取代，学校图书室、实验室、会议室、微机室应有尽有，中考升入松桃民族中学等级示范性高中以上人数已翻了7倍多，省一类示范性高中录取已突破4人，这是一座学校发展的丰碑，这是我们这一代永中人的骄傲和自豪，我们已为永安中学光辉灿烂的未来书写了一段动人的篇章。如果要问我，我现在最想说什么，我最想说的就是非常感谢。感谢上级领导给了我们一个快速发展的良好机会，感谢同志们与我一道战斗并创造辉煌，感谢学生用勤奋和智慧书写美丽人生，创造幸福未来。

又是一年春来到。新学年，新起点，新风气，新景象，借此机会，我讲几句心里话，与全校师生共勉。

第一句是：我们生活在一个伟大的时代，也是一个竞争最激烈的时代，留给我们的除了努力就是拼搏奋斗。

这个时代真的很伟大，同学们想想，从我们吃不饱、穿不暖的读书时代到你们现在衣食无忧的时代这是多大的一个变化。为了让你们生活得更好，我们除了要建好学生宿舍楼和新食堂外，下学期我们将修建一个30米的游泳池和洗澡间。学校将实现"班班通"电视、网络，最终还将建成电视台。应该说我们是幸福的，我们的成长环境也是很好的。但我们也处在一个十分激烈的竞争时代，前不久一个地方招4名有正式编制的环卫工，竟有400多名大学生报名。你想找一份工作很不容易，要想找一份称心如意的工作更难。因此，我们要珍惜这个时代，为了你以后能够选择自己理想的职业，而不是被迫谋生，我们需要不断地努力，不断地奋斗。对于学生来讲，是要把书读好，对于老师来讲，是要把工作做好，没有本事，尽管这个地球很大，但哪里都不是你待的地方，你将为浪费青春付出惨痛的代价。

第二句是：每个人的潜力无限，不相信起点，不相信命运，拼搏创造美好未来。

我们在座的每一个人，都没有很好的出身，但我想告诉大家，父母让我们来到世上，是想让我们成为天使。我们无权选择出身，但我们可以选择未来。也许有人会讲，我现在的基础很差，读书没有希望，但你们是否知道，就是今天给你们讲话的杨校长，在读初中时成绩也经常排不上号，有时候数学还不及格。也许有人会讲，我们家很困难，没办法读书。我只想告诉你们，至少你们现在有饭吃，有衣穿，而我当年上学的时候，经常是开学很久了，我还待在家里哭，因为没钱交学费，我曾两次辍学。也许有人会讲，我们这些地方太偏僻，做不成什么大事。我只想告诉大家，金子放在大山深处依旧发光。不努力，我们可能连一个县级高中都考不上，努力了就是我们这个边远的乡镇中学也有不少人考上省级一类示范性高中，我们不要再为自己找借口。不管我们现在的起点有多低，条件有多难，大家要相信，我们都有这个潜力，我们都能创造奇迹。如果你今天听懂了我讲的这句话，我希望你马上带着三样东西前行，这就是"自信、梦想、行动"。

第三句是：生活在当下，努力在今天，用实力见证自己的青春风采。

这个世界上，很多东西我们都能控制住，但我们无法控制时间。生活在当下，这个春天永远不会再来，在我们的人生旅程里也永远没有第二个可以重复的初中生活。有人讲，你们90后自私、任性，没有责任心。但我看到的恰恰相反，这几天，很多事情让我感动，我看到了你们的爱心、责任和宽容。我曾经多次和同学们讲，如果你想做事情，你想获得成功，你首先要有崇高的品德，有学习的兴趣，可有个别学生，虽然在所谓的素质班上课，但道德素质还有差距。爱心册上没你的名字，桌子上一本家庭作业也没有，上课还在睡大觉，你还在读什么书呢？态度决定出路，我希望你马上拿出行动，早上起来，试着去背一篇课文，试着去记几个单词，好好珍惜今天这个机会，让自己的青春更加有风采。

同学们，昨天已成历史，不会再来，今天正在消失，即将过去，明天还是未知，我们谁也不知道会发生什么。我们只有今天努力，明天才有希望，后天的生活才会更加美好！让我们继续加强团结，奋力拼搏，刻苦学习，创造永安乡中学更加灿烂辉煌的明天。

最后，祝大家在新的一年里，成绩像树苗一样猛长，心情像鲜花一样灿烂，身体像大山一样健康！

努力走得更高更远更强

——在永安乡中学2009年秋季学期开学典礼上的讲话

各位老师,同学们:

今天,我们在这里举行2009年秋季学期开学典礼,在这个典礼上,我们将对在上学期教学中取得突出成绩和在管理工作中做出突出贡献的学生和老师予以表彰,在此,我首先代表校委会对他们表示衷心的祝贺!同时,我们也迎来了很多新生和老师,让我们用掌声对他们成为永安乡中学的一员表示最热烈的欢迎!

2009年是一个丰收之年。在这一年里,我们创造了十个"最"。

一是教师一次性调进人数最多,去年我校共调进教师10人,学科包括音、体、美,一个学科齐全、主科骨干猛增的强大教师阵容已初步形成。

二是学生人数创永安中学历史之最,现有初一新生300人,全校师生813人,学校服务半径内学生全部就读我校,无一人择校到县城中学就读。

三是升学人数创历史之最,2009年中考,我校考入省一类示范性高中铜仁市第一中学4人,考入省二类示范性高中松桃民族中学(县一中)56人,县第二中学70人,总平均分,重高、普高升学率皆居全县乡镇中学之首,其中三(1)班95%的学生都升入了省级示范性高中,教育质量做到了永安乡中学历史上最好。

四是骨干教师评审全县学校中永安乡中学获地级骨干教师称号人数最多，我校顺利通过地级骨干教师评审4人，县级骨干教师3人，学校骨干教师正在成长壮大。

五是学生参加全国学科竞赛创造了历史最高水平，有2人荣获化学省级二等奖，4人荣获地级一等奖。全国物理决赛，1人荣获全国一等奖，3人荣获省级二等奖。

六是办学条件达到永安中学历史上最好。新建了综合楼、学生宿舍楼、教师宿舍楼，学校办学条件实现了功能齐全，规划科学，建筑美观。

七是单科教学质量创历史之最好，中考单科成绩物理、数学、化学平均分都位列全县乡镇中学之首。

八是校园环境为历史之最美，修建了百花岛、喷水池，对校园进行了绿化、美化、净化、亮化，学校环境优美，风景如画。

九是教师福利待遇为历年之最好，全部教师住上了三室两厅一厨一卫的单元式集资住房，工会组织安排全体教职工进行了体检，教师福利按时足额发放到位。

十是校园平安建设为历年之最，学校全年安全零事故，全体教职工无任何违纪违法行为。

所有这些成绩的取得是上级领导重视、关心、帮助的结果，是校委会正确决策、开拓创新、拼搏奋斗的结果，是各位教师呕心沥血、无私奉献的结果，是各位优秀学子勤奋学习、努力奋进的结果。在此，让我们用热烈的掌声为我们自己的努力加油！

诚然，任何事物发展都一样，在取得成绩的同时也还存在一些问题，我校存在的问题主要表现在以下两个方面：一是住校生的吃住问题，还未能让学生全部住校，学生不能在食堂集中吃饭，吃住十分拥挤。二是对后进生、留守学生的关注度不够，对他们在学校吃、住、学、乐等方面的问题还没有一套完整的解决方案，学生吃不安心、住不舒心、学不静心、玩不开心。我们要高度重视这些问题，认真研究对策，切实采取措施逐步加以解决。

新学期，新起点，新希望！借此机会，我提出三点新要求。

一是定位要高。近三年来，永安乡中学发展从低谷跨越式迈进全县乡镇初中最前列，成为全县乡镇初中的一面旗帜，这一路走得很风光，它是学校发展的一个新里程碑，值得我们这代永中人永远自豪和骄傲。但我们应该清醒地认识到，松桃教育整体与外界的差异，我们与全市初中教育，特别是与市直学校和全市西五县初中教育差距还相当大，与全省、省外教育发达地区学校相比，还差得很远，我们如果因取得这点小小进步而沾沾自喜，就会如井底之蛙看不到外面的世界，最终停步不前而被历史淘汰。所以，在新阶段，学校定位要更高，学校下一个三年规划是要争创全市一流初中，创西部农村示范中学。永安乡中学不能只和县内学校比，还要与外面学校比，这是这一届永安中学领导班子的初心与使命，全体永中师生要朝着这个目标，找准着力点，明确路线图，心往一处想，劲往一处使，把永安乡中学办成全市一流中学！

二是眼光要远。永安中学发展的根本是教师。教育要面向现代化、面向世界、面向未来，教师首先要有现代化梦想，要有世界格局，要有未来眼光。教师不仅仅要上好课，更要想清楚为谁培养人，培养什么人，怎样培养人。学生在永安乡中学读书三年，学校要为学生考虑以后的三十年甚至是一生，所以，教师不能把全部精力用在成绩上，而是要在培养学生健全人格、创新思维和创造能力上下功夫，要把永安中学的学生培养成具有高尚品德、独立人格、知识底蕴、创新意识、世界眼光的新一代高素质公民。教师自身发展也要有长远目光，对自己的职业生涯要有长期规划，先做学校骨干，再做县、市、省级骨干，甚至是国家级骨干教师，最后成名成"家"。永安中学的学生眼光要放远。在永安中学读书不仅仅是为了考上好的高中，也不仅仅是为了读个好大学，将来有个好工作能挣钱养家，更重要的是要培养高尚情操、锻炼强健身体、学好知识文化，以后为国家、为社会、为人民做出更大贡献！个人发展离不开国家强大，做一个对国家、对社会、对人民有用的人是永中学子忠诚的信条和永恒的追求！培养好学生，发展好教师，永安中学就会名师辈出，英才辈出，我们的永安中学才会是人民满意的学校。

三是实力要强。永安乡中学发展所取得的成就目前只是基础性的，阶段性的。办学条件还不是很好，师资水平还不是很强，学校管理还有待提高，教学质量还有待提升，办学水平还处在低层次。学校要多方筹措教育经费，积极改善办学条件，在教育信息化、教育现代化方面取得新突破。学校要加强教师培养培训，采取"走出去，请进来""上挂职，下锻炼""既跟师又带徒"等方式打造一支师德高尚、业务精湛的高素质的教师队伍。学校要持续加强科学化、规范化、制度化管理，在寄宿制学生管理、留守学生管理、后进生管理、教学常规管理上取得新成就。学校要深化课堂教学改革，在课堂教学的有效性上积极探索，减少教学时间，提升教学效益，提高教育质量，让永安乡中学教育质量始终成为全县教育的一面旗帜。

学校发展向更高、更远、更强迈进是我们的目标，也是我们的初心和使命，请全体师生共同努力，为把永安乡中学办成人民满意的学校而不懈奋斗！

行走在苦与乐的路上

——在永安乡中学 2008 年春季学期开学典礼上的讲话

各位老师,同学们:

在这春意浓浓的三月,我们又迎来了新一学期的开学典礼,在这个典礼上,我们还将对 2007 年秋季学期在教育教学管理及学习中取得突出成绩的师生予以表彰。在此,我代表学校对获奖的各位师生表示热烈的祝贺!

回首 2007 年,对永安乡中学来说极不寻常,在这一年里,我们应对各种挑战,克服各种困难,行走在苦与乐的路上,创造了永安中学的"八大风采"。

一是学校管理创佳绩。2007 年,在各级领导的关怀下,在各位教师的齐心努力下,我校学校管理再创佳绩。在今年召开的全县教育工作会上,我校获得四项奖牌,即教育目标管理二等奖(全县一等奖只有三名)、"两基"工作先进单位、勤工俭学先进单位、德育工作先进单位。我校成了全县获奖最多的乡级中学,各项工作受到上级的充分肯定和表彰。

二是班子建设谱新篇。我曾记得我 2006 年初来永安乡中学时,在开学典礼上讲:我们这个学校班子是一个年轻化、专业化、团结、民主的队伍,是最具开拓精神、最具创新精神、最具奉献精神的班子,如果我不在学校，他们都是非常出色的校长。2007年，凭借我们的勤劳和努力，我们在教育管理，教学研究等方面都取得了突出成绩：宋永文主任荣获"全县优秀教导主任"称号，并和我今年一同通过了县级骨干教师评选和培训。团总支冉军书记和保卫科陈继强科长分别被评为乡、校先进教育工作者，冉军书记当选全县团代表出席了全县团代会。我被评为"铜仁地区先进教育工作者"。今年全县教育工作会上，我同时又被评为全县"优秀校长"。我们有理由相信，用我们的真诚付出和无私奉献，我们一定能给永安中学带来光明的未来。

三是教师队伍出新秀。2007年，是近些年我校教师成长和发展最快的一年，在这一年里，很多中青年教师脱颖而出，逐渐成为教学骨干和教学能手。涌现出了像刘佐金、田茂学、陈瑞阳、冉颖芳等乡级优秀教师；还有杨胜富、杨婷、吴敏等青年骨干教师，陈芳、刘廷权等优秀班主任。教师队伍新秀辈出，正逐步成为学校教育教学的中坚力量。我们这个团队是一个专业化、年轻化的团队，有这么一支庞大、优秀的教师队伍、永安乡中学之兴旺指日可待。

四是校园建设描宏图。2007年，我校实施了校园防洪堤加固工程，田径场正在施工，我们的综合实验大楼已申请立项。教师宿舍楼计划正在实施，两年内，永安乡中学校园建设必将跃入全县中学前列，一个文明的、美丽的、花园式的校园蓝图已描绘成型。

五是教育研究结硕果。2007年，我校教师在国家级、省级以上刊物共发表文章13篇，尤其是在我省的教育权威刊物《贵州教育》上发表文章4篇，创造了永安乡中学论文发表的新高度，提升了永安乡中学在省内的影响力。

六是教学竞赛破纪录。2007年，我校5人次参加全县优质课竞赛，获得一等奖2人次、二等奖3人次，尤其是刘志华副校长上的政治课，从长兴片区一路过关斩将，最终参加全县决赛获得第一名。后由县教育局组织示范课送教下乡到大坪片区。这改写了永安中学多年来无任何教师获得全县优质课竞赛奖的历史，创造了一项新纪录。

七是先进集体映和谐。2007年，我校多数班级学风正，班风良，涌现出了大批优秀班集体，文明、和谐的校风已形成，尤其是2007年全校无任何安全事故，这是一个很了不起的成就。我们希望同学们能高高兴兴上学、平平安安回家、健健康康成长。

八是优秀学子击中流。今天我们要表彰的优秀学生、优秀班干部，他们是全校优秀学生中的代表，是榜样和楷模，值得同学们学习，同时我们还得对2007年秋季学期成绩最突出的初二（2）班的田仁桃、曾远强、陈双凤，初一（1）班的郑小华，初一（2）班的王元冲等同学，颁发奖励以资鼓励，我也想借此机会给各位优秀学生们以劝告，成绩只属于过去，不骄不躁，继续努力才拥有美好未来。

上述这些成绩的取得是全体师生努力奋斗的结果。借此机会，我代表学校，对一直以来辛勤耕耘的各位老师表示衷心的感谢和崇高的敬意！

2008年的春天已来临。春天，带给人们梦想、带给人们希望。新的一年里，我不想为大家提出很多要求，只有几句话，与各位共勉。

第一句话是："只要有书读，做人就幸福。"

这句话是我国大文学家金庸先生说的。对于读书，怎么说都不为过，对于男教师而言，书籍是一张精致的名片，对于女教师而言，书籍是最好的美容品，对于学生而言，你们身处这个时代，物质越来越富有，有的人有钱但人们看不起他，因为他是精神的乞丐。如果我们能做个精神和物质的"双富翁"，而不是"我穷得只剩下钱了"，那你就成了一个有品位的人，所以一定要把金庸先生这句话写得大大的、挂得高高的。每天照着自己前行，每天照着自己的灵魂不要迷路。

第二句话是："我的10年等于20年。"

有人问我，短短十年里，在永安乡这么个边远闭塞的地方，你为何这么年轻就当上了校长，并且还在全国报纸杂志上发表了50多篇文章。我告诉他，这十年里，我每天工作十多个小时，我的生活里，除了工作、读书和写作，没有其他，这样算，实际上我工作的10年相当于别人的20年。这就告诉我们，人的成就是与付出成正比的，世界上从来就没有什么天才，成功的秘诀就是努力。许多事情是在能与不能的想法之间徘徊的，认为不能的人脑海里充满了不能的可能性和理由，而认为能的人，即使只存在1%的可能性，也会付出99%的努力。我们有的人经常埋怨环境，埋怨他人，总觉得环境不尽人意，总觉得他人不够意思，经常埋怨他人不行，其实常常是我们自己不行，常常埋怨环境不好，真正是自己不好。有人读了清华却最终一事无成，有人学历不高却成就非凡，环境不是一个人成长的关键，请大家记住，面对困难，不要逃避，逃避一次，就会总想着逃避，别为胆小找借口，改变不了环境可以先改变自己，一个能改变自己的人，他就无坚不摧，无往不胜。

第三句话是："金杯银杯不如老百姓的口碑。"

同学们可能不知道"一诺千金"这个成语的来历，秦朝末年，楚地有个叫季布的人，性情耿直，为人仗义，乐于助人，只要是他答应过的事情，无论有多大困难，他都会设法办到，因此，司马迁在史记中评价说：得黄金百斤，不如得季布一诺。这个故事告诉我们，诚信是立身之本，金杯银杯不如老百姓的口碑。道德的力量永远是强大的，一个没有道德品质的人，即使能成一时之气，终不能成一生之功，良好的道德品质要从小养成，从现在养成。

人生的意义在于：不管苦与乐，我们都一直行走在路上！最后，我就用一句歌词来作为今天的结束语吧，"请你多一些开心，少一些烦恼，你一生的幸福，是我们最大的心愿"。

谢谢大家！

我运动，我健康，我快乐

——在松桃民族寄宿制中学第十八届田径运动会开幕式上的讲话

值此运动会开幕之际，有十句话送给我亲爱的同学们。

坚定一个信念：我运动，我健康，我快乐！有运动才有健康，有健康才会快乐，有快乐才会幸福。

深交两个朋友：读书和运动。读书文明其精神，运动野蛮其身体，要四肢发达，不要头脑简单。让读书和运动成为你一生不离不弃的朋友。

涵养三种精神：团结、拼搏、奋斗。团结就是力量，团结会让你们变得坚不可摧。拼搏应是习惯，拼搏会让你们精彩无限。奋斗才是人生，奋斗会让你们健康幸福。

训练四个维度：跳高攀越看高度，跳远掷球看长度，跑步接力看速度，竞技体操看难度。彰显的都是体育四大精神：更高、更远、更快、更强！希望你们迎人生接挑战，永不停步，走得更远，飞得更高。

锤炼五项品质：自信，你就是这个赛场上的王者，你出场准无敌；阳光，心中向阳温暖花开处处是风景；合作，事半功倍同荣共赢；自律，让自己更强大，让人生更久远；感恩，遇见的所有人都是你人生的贵人。

坚守六个永不：永不自卑，勇敢闯一闯才知道自己有多优秀；永不自大，与你同场竞赛者往往藏龙卧虎；永不放弃，坚持下去说不定谁笑到最后；永不轻狂，运动要讲科学，否则会受伤；永不抱怨，事已至此，大不了从头来过；永不言败，拼搏过、奋斗过从不后悔。

弄清七个并不：先跑并不等于先到，半路常常杀出黑马；暂时落后并不等于永远落后，后发赶超往往后来居上；一次失利并不等于全盘皆输，再次发挥结果意想不到；冠军并不等于最好，只有更好没有最好；未获奖并不等于你不行，可能是别人更厉害；得倒数并不是失败，坚持到最后的都是胜利者；退步有时并不是后退，像拔河，越后退常常越进步。

做到八个全力：全力以赴为班争光；全程加速为己夺冠；全神贯注分秒必争；全心全意做好服务；力争上游不拖后腿；力求突破创造纪录；力挽狂澜反败为胜；力所能及做到最好。

展示九大风采：展示学校强大的组织能力；展示教练员优良的专业素养；展示裁判员的公平公正；展示运动员的高超技艺；展示男生的强健肌肉；展示女生的健美身姿；展示志愿者的细心周到；展示师生的精神风貌；展示观众的火热激情；展示运动会的精彩纷呈。

力求十全十美：精心组织计划美；周密安排行动美；全体参与奋斗美；志愿服务心灵美；团结拼搏集体美；呐喊助威声音美；保持清洁环境美；保证安全形象美；赛出风格心灵美；赛出水平成绩美。

我运动，我健康，我快乐！预祝这次运动会取得圆满成功！

生命因拼搏而精彩

——在松桃民族寄宿制中学第十七届田径运动会开幕式上的讲话

各位运动员、裁判员，老师们、同学们：

盼望已久的我校第十七届田径运动会在我们热烈的掌声中终于开幕了！

我希望这次运动会是一次拼搏奋斗的盛会。运动，健康，快乐，是我们这次运动会的宗旨。更高、更快、更强是我们这次运动会的目标。拼搏、奋斗、争先是我们这次运动会的精神。运动场上，高手如云，强强对决，我希望看到你们竭尽全力用汗水去捍卫你们的荣誉，我希望从你们的奔跑与跨越中看到你们的不屈、你们的坚韧和你们骨子里永不服输的拼劲，把奋斗写在这个夏天，把拼搏留给这个赛场。请记住汪国真的一句话：没有比人更高的山，没有比脚更长的路，只要去奋斗，你们就精彩。不论输赢，总有希望，我都为你们点赞，我们全体师生送给你们的都是鲜花和掌声！

我希望这次运动会是一次精彩纷呈的盛会。男运动员们，你们秀肌肉的时候到了，我希望在百米跑道上，看到训练有素的你们勇猛如虎的身影，用你们敏捷的起跑、闪电般的冲刺，去体现男生的阳刚之气，让那些旁观的师姐师妹们在一旁崇拜地欢呼：好酷、好帅！而你还依旧淡定地朝她们笑笑，潇洒地说：不要迷恋哥，哥只是个传说。女运动员们，你们臭美的时刻也到了，我希望在跳高和短跑现场看到你们身轻如燕的靓丽风姿，去展示女生的形体美、运动美，让那些喜欢自拍的师哥师弟把镜头对准你们，然后由衷地赞叹：女神，我心目中的女神！而你还依旧淡定地朝他们笑笑，摆摆手自信地说：没办法，你姐就这运动员的身材，想肥都难！把你们的青春、你们的风采、你们的灿烂定格在四中，留给这个夏天，成为我们学校最靓丽的风景。

我希望这次运动会是一次团结安全的盛会。因为是竞赛，所以有输赢，因为是运动，所以有抗争。我希望在这次运动会期间，友谊第一，比赛第二，虽有争执，虽有冲撞，但大家并不会因此而生气，不会因此而产生矛盾。真正体现我四中学子识大体、顾大局、讲团结、有素质。我希望在运动会期间，全体裁判员恪尽职守，秉公裁判，全体工作人员按时到岗，勤奋工作，确保这次运动会胜利闭幕，在此，让我们用热烈的掌声预先对他们表示衷心的感谢！

也许，对于初三的学生而言，这成了你们在四中参加的最后一次运动会，但对于人生而言，还有无数次的竞赛在等待着你们。人生难得几回搏，该出手时就出手，我希望你们在运动场上是健将，在学习上也是冠军。我们每一位同学在四中的求学生涯，都是转瞬即逝。我真心地希望你们好好珍惜这青春时光，在四中热爱学习、热爱运动，成长为一个健康、帅气、漂亮、英俊、优雅、有才华、有修养的最好的自己！

最后，预祝这次运动会取得圆满成功！谢谢！

感谢与希望

——在松桃民族寄宿制中学第十七届田径运动会闭幕式上的讲话

各位裁判员、运动员,老师们、同学们:

松桃民族寄宿制中学(松桃四中)第十七届田径运动会已圆满完成各项赛程,很快就要闭幕了。几天来,我看到太多的精彩、经历太多的感动,因时间关系,在这里不能与你们分享,只简单地讲两句话。

第一句是:感谢。

首先要感谢我们的运动员和观众。运动员的优异表现让我心中充满了无限的赞美,我只能说:你们真的很棒!我也看到长跑中那些个子很小的运动员,明知不能战胜对手却依旧挑战自我,挑战极限,拼命跑至终点,不由想起鲁迅先生的那句话:"我每看到运动会时,常常这样想:优胜者固然可敬,但那虽然落后而仍非跑至终点不止的竞技者和见了这样的竞技者肃然不笑的看客,乃是中国将来的脊梁。"如果你们把这个拼劲用在学习上,你的字典里就没有"困难"两字,如果用在人生,你收获的将是无限美丽的风光。所以要感谢这些运动员和观众,是你们用热情、拼搏成就了这次精彩纷呈的运动会,谢谢你们!

其次是要感谢我们的裁判员和工作人员，几天来是因为有他们的辛勤工作才使这次运动会圆满完成，其中还有我们吴娅老师和龙俊瑜老师身怀六甲，却一直坚守岗位，这就是四中的最美教师，真诚地祝福她们生个健康、快乐、长大后常常夺冠军的宝宝。在此让我们用热烈的掌声对裁判员、班主任、工作人员表示由衷的感谢和崇高的敬意！

再次要感谢天公作美。所谓苦心人天不负，这次天气对四中特别地关照，昨天中午，可能是担心晒黑女生的皮肤它下点儿小雨，下午要比赛，雨又马上停，让我们在一个千载难逢的绝佳天气里完成了所有比赛。

最后要感谢我们自己。这么剧烈的运动，没一人受伤，我们用小心和技术保护好了我们自己。所以，伸出你们勤劳的双手热烈鼓掌以表达我们的感恩之心。

第二句是：提点希望。

希望你们热爱运动，以运动促健康，以健康促未来。我四中学子不但要是学习上的尖兵，更要是体育上的高手，我看初三（14）班的田芬，每次考试成绩都是年级前二十名，短跑是初三年级组女生50米、100米两项冠军，真是大家学习的榜样。运动带给我们强健的身体和充沛的精力，让我们在学习上更加优秀，我们要做一个文武双全的四中人。

希望你们珍惜光阴，特别是初三年级，在接下来只有一个月的时间里，你们要惜时如金，把运动会这种只差零点零几秒都有可能输的精神用在学习上，为自己在四中来一个漂亮的冲刺，画一个圆满的句号。

希望你们爱班级、爱四中。这两天眼前很多画面常常让我感动。今天早上200米决赛，三（2）班一女生拼命冲向终点最后因体力不支倒在地上，班主任吴燕老师第一时间将她抱起，搂在怀里，焦急地问："摔伤没有？"就那一刹那，我几乎激动得流泪，为这位学生的拼劲，就是倒下也要跑至终点;也为老师这份真情,你们在哪里跌倒,老师在哪里将你抱起,老师始终在终点守望,不论是成功或失败都等你平安归来!所以,同学们,热爱你们的班级,热爱你们的四中,你可在心中埋怨四中千百遍,但谁要说四中不好,你都不允许,因为四中可能是你一生就读的唯一一所教你、育你、爱你的初级中学。你可对四中做选择题,喜欢或是不喜欢,但四中和四中的老师从来都只有一个选择,那就是:永远地爱你们!

下面,我宣布:松桃四中第十七届田径运动会胜利闭幕!祝同学们平安回家,下星期再见。

第四篇
立己达人

携手与你同行

——在任松桃民族寄宿制中学校长与学校班子见面会上的发言

尊敬的杨书记、唐局长,同志们:

大家好!

借此机会,我想说三句话。

我想说的第一句话是:我是来感恩的,不是来享福的

一是感谢组织和上级领导对我的信任。松桃民族寄宿制中学(时称"三中",后又更名为"四中")一直是松桃教育的窗口学校,一直代表着松桃初中教育的形象,全县人民期望值高,社会关注度大,组织上把这副担子交给我,既是肯定,也是考验,让我倍感压力。二是感谢杨四新校长、唐建波校长、龙滕勇校长前三任校长这些年来对三中的辛勤付出和卓越贡献。创业难守业更难,创造辉煌比登天还难,唯有苦干、实干,才能守住这份荣誉,续写新的篇章!三是感谢这所学校。20年前,我在这里读师范,原松桃民族师范应该是现在三中的前身,是这所学校和老师培养了我,让我从一个无知青年变成了一个教育工作者,该是报恩的时候了,所以从迈进三中校门那一刻起,我就成了三中的一员,我会常谋治校之策,常怀感恩之心,常思享乐之害,以校为家。

我想说的第二句话是:我是来做事的,不是来玩耍的

说实话,从教之初我就有一个梦想,那就是想一辈子当一名教师,当一名学者型教师，当一名专家型教师。从教20年来，市优秀教师、先进教育工作者、市级骨干教师、铜仁市第一届党代表，这些我所获得的荣誉和在报纸杂志上发表的50多篇文章，让我有了改行的机会，而我却一直行走在教育的路上，默默坚持当了16年校长。这次，既然领导又再一次把三中校长这样一份责任交给我，我想我就应该担当起这份使命。我只能说，不是我选择了校长，而是校长选择了我。为了这个选择，我应当义无反顾，责无旁贷！所以我说，我不是来玩耍的，我只是来做事的，请领导和同志们放心，我是和大家一道来做实事、做好事、做成事的！我们当不辱使命，不负众望，仰不愧于天，俯不怍于人！对得起领导的期望和重托，对得起师生的热情和期盼，对得起松桃教育这个最大的民生！

我想说的第三句话是：我是来跑步的，不是来散步的

从现在开始，我将与大家一起踏上一段新的旅程。在这段旅程中，可能有鲜花簇拥，也可能会荆棘丛生。但无论如何，我们都要一起去面对，一起去担当，一起去开拓，松桃教育不能让我们来散步，我们必须跑。一是朝向最明亮的那方跑。"向着明亮那方，哪怕烧焦了翅膀，也要飞向灯火闪烁的方向。向着明亮那方，哪怕只是分寸的宽敞，也要向着阳光照射的方向。"最明亮的那方，就是我们的教育理想。这个理想就是要把松桃三中办成全县极品，全市珍品，全省上品。二是相互搀扶着跑。大家来到这所学校成为同事，也是一种缘分。上善若水，大爱至美。我会努力营造这样一个学校氛围：每个人身上都能闪耀着人性的光辉，让我们的每一天都没有猜疑，没有嫉妒，没有仇恨，没有怨言，相互尊重，相互帮扶，相互关爱，相互包容，在一起享受生命的每一天。三是要轻轻松松地跑，我会放下名誉的包袱，去掉金钱的污垢，不为名，不图利，干干净净、轻轻松松地跑。我相信，一切，才刚刚开始；一切，会悄然改变。让我们共同期待，共同努力。

最后，让我用一句诗来作为结束语：把你的手给我，让我们同行！谢谢大家！

并肩去远方

——在松桃民族寄宿制中学校长与教师见面会上的发言

老师们:

从 7 月 26 号我走进松桃民族寄宿制中学(时称"二中",后又更名为"四中")大门的那一天起,我就成了一个真正的三中人。这一个月的时间里,我开始了解三中、思考三中、憧憬三中,所以,今天借此机会和大家一起谈谈三中的过去、现在和未来。

记忆中的三中——让人神往的地方

学校创办于 1998 年,那时候是真正意义上的全县重点初中,全县优秀生源汇聚三中,骨干教师云集三中,三中真正成了全县教育的一面红旗,教书的、读书的谈到三中都认为这是一块让人心绪激动的精神家园。三中的这段辉煌历史沉淀了三中和谐、拼搏、力争上游、永不言败的校园精神文化,我和很多老教师谈到过去,谈到与其他学校争抢优质生源,比中考成绩这些创业、守业的片断,他们尽管年岁已高,却依旧神采飞扬,折射出三中那一代人挥之不去的定格在三中发展路上的风光。可以说,那一代人的艰苦奋斗史就是三中发展的光荣史,这当中有我们在座的很多教师的心血凝聚,有历届领导班子的苦心经营。我来三中,三中的前两任领导四新书记和建波局长亲自送我来,四新书记对我讲:你来三中,要怪就怪我和建波局长,研究时我们两个力挺,不为别的,我们对三中有这份情怀,因为这是我们的"根据地"。所以,我讲记忆中的三中是让人神往的地方,无数的教育精英想来三中,从三中走出去的教育精英留恋三中。

现实中的三中——让人纠结的地方

我来三中报到还有些情节:最先是7月24日下午,那天大雨倾盆,松桃发生洪灾,组织部送我来学校,我们刚到半路,就听到学校堡坎垮塌的消息,报到见面会没开成,送我来的唐局长便带着我投入到抢险救灾的战斗中去了。就这样,学校以一个令人心痛的安全事故为我敲响了警钟。我没来得及多想,当时我的第一感觉就是,我风雨兼程来到三中,不知道以后会经历多少风雨?

现实的三中确实有很多让人纠结的地方,比如我们为了学校发展壮大举债搞建设,欠下很多账;比如我们宣传弱、影响小,别人不了解我们,市里、局里、社会上对我们批评的声音多,表扬的声音少;比如我们办学条件差,校园不美,看起来不像全县最好的初中,等等。

其实仔细分析,三中有很多优势:得天独厚的区位优势、相对较强的师资优势、团结和谐的文化优势。这都是三中办成一流初中的必要条件,办好三中我有信心。

梦想中的四中——让人幸福的地方

全县高中县城化的学校布局调整,县委、县政府把我们松桃三中这个校名变更成了松桃四中,实际上是县第四中学,前三个学校为高中,我们是初中第一。一个月来,我对四中的校园文化进行了挖掘和提炼,核心理念:教育清亮人心,教育幸福人生。学校使命:为学生的幸福铺路,为学生的成才奠基。校训:厚德至善,博学致远。其办学思想是实施品质教育,其办学目标是让四中成为让人幸福的地方。我在上一次行政会上表达我的治校思路就是"12345"（即强化1个目标：把四中办成全县极品、全市珍品、全省上品。通俗地讲，就是学校在省里面要排得上号，在市里面要出得了头，在全县要成为最好。重出2个拳头：一个是抓教育质量的拳头，一个是抓学校管理的拳头。严守3个方略：理性制定政策、刚性执行制度、人性情感关怀。构建4个体系：全面的质量评价体系、科学的教师评价体系、安全的学校保障体系、和谐的人际关系体系。实现5个提升：办学条件、师资水平、学校管理、教育质量、幸福指数五个方面得到全面提升）。

总的来讲，就是要建设四个四中：一是安全四中。生命不保，何谈教育。我曾写过一篇文章《校长，刀尖上的舞者》，讲的是学校安全就像一把尖刀，稍有不慎就会出事，出了事就是伤不起。所以，学校一定要加强内部管理，以"天"为单位，管好每一天的安全，努力实现全年安全责任"零事故"。二是质量四中。今后的四中要凭数据说话，凭教育质量说话。评价教育质量有两个版本：一个是官方的素质教育评价，一个是民间的名声评价，多少人考入重点高中，学校好不好，需要老百姓认可。今后的四中要凭中考数据说话，今后四中的教师要凭统考成绩说话。要始终把质量看成是立校之本，把抓质量当成头等大事。三是规范四中。讲的是学校规范、师生规范，我们制定的一系列规章制度，如《教师考勤制度》《值班制度》《十条禁令》《安全十项规定》《班级量化考核办法》，以及即将出台的《教师考核办法》都是为了学校管理规范，我们讲不准私自招收学生、不准私自调整班级，也是为了规范。以后学校行事，大事讲原则，小事讲风格，原则之上谁都要坚持。四是幸福四中。所谓幸福，不是说我要发很多钱给大家。我们会尽最大可能考虑大家的福利，但我想幸福不仅仅是钱，它至少包含这几个关键词：一是公开。天下不患贫患不均，今后凡学校重大事项，集体决策，大额开支，每月公示，实现教师知情权。二是公平。公平分班、公平分酬、公平教师成长和发展机会，让老师多劳多得，优劳优酬。三是尊严。就是要通过办好学校，让教师在社会上得到应有的尊重，通过不断改善教师待遇让教师有尊严地生活。四是温馨。我希望学校真正成为教师们的家，这个家里充满理解、充满关爱、充满温情，你累了学校能让你休息，你疼了学校能为你疗伤，你成功了有人为你鼓掌，你受挫了我们还依旧并肩战斗以助你东山再起。有四中的存在，就有我们生存的平台，所以，每个教师要像保护自己的眼睛一样保护好四中的名声，要像经营家一样经营四中的未来。

教育是最大的民生，教育关系国家未来。我们从大山里走出来，走到今天，靠的是教育，我们知道教育对一个家庭、对一个人有多么重要。我们吃着老百姓的饭，拿着国家的钱，就没有理由不好好工作，失职对于自己、对于别人都是伤害。所以，如果有一天，我不称职了，我不会赖在校长这个岗位上，请老师们集体要求我提前"下课"。

最后，在新的一学年里，我衷心地希望并祝福老师们，祝你们的心情能像学校盛开的紫荆花那样灿烂，身体犹如今天之阳光这么康健。执子之手，梦想远方，让我们共同努力，为把四中办成一流的安全四中、质量四中、规范四中、幸福四中而并肩战斗！

一起向未来

——在永安乡中学校长与教师见面会上的发言

老师们：

首先，感谢各位老师对我的信任，在教育局考察时推荐我来担任永安乡中学校长。为了不影响学校开学工作，根据教育局的安排，从今天起我开始主持永安乡中学工作，从李校长手中正式接过这份责任，担起了建设发展永安乡中学这副重担。

李校长因身体原因不再担任永安乡中学校长。这些年，以李建国校长为班长的永安乡中学行政班子，为永安乡中学新教学楼的建设和学校的发展壮大做出了重大贡献，在此，我代表新一届学校领导班子对他们表示崇高的敬意！我们将继续发扬学校优良传统，在他们取得辉煌成绩的基础上，不断与时俱进，在大家的共同努力下，把永安乡中学建设好，发展好！

任永安乡中学校长，我有"三个方面"的压力。

第一个压力就是债务。经费是学校保持生机活力的源泉，是维持学校高速运转的血液。近几年因学校招生规模不断扩大，为适应发展需要，学校在经费十分拮据的情况下不得不举债搞建设，造成收不抵支，目前学校已是债务累累。经总务处初步核算，欠债约90万元，这对于一个乡镇初中来说已经是天文数字。为了维持学校正常运转，学校不得不频频举债，就像一位严重贫血的病人要靠输血来维持生命，学校面孔自然是脸色苍白，精神不振。你们想，一个只有几百人的乡镇初中，要偿还几十万的债务，这个压力之大可想而知。

第二个压力来自社会。在这个时代，百姓对教育的关注比以往任何时候都要强烈。全乡老百姓子女需要接受优质教育的呼声很高，各级党委政府、上级主管部门对永安乡中学的发展也提出了更高的要求。如果永安乡中学发展不好，哪天没了学生，学校被上级纳入撤并范围，就像鸡蛋那样某一日在我手里"破"了，永安乡的学生必须要去甘龙镇中学读初中，这就成了我的"罪过"，我无法向全乡人民交代。

第三个压力来自学校内部。永安乡中学是我的母校，这里的教师多是我的老师、我的同学，还有很多是亲戚，"熟人"多了从管理学角度讲就带了些微妙的关系，有时候对学校管理会起副作用。况且，前几任校长都在学校管理中做出了不凡的业绩，都对永安中学的发展倾注了心血，立下了大功，我如何才能做到少批评多满意，说实话，总感觉压力太大，心里也是诚惶诚恐。

但我想，永安乡中学一直都有光荣的传统，我在这里读中学的时候，连续几年都有好几个考上铜中（省级示范性高中）的学生，我们在座的好多老师也曾经是永安乡中学的学生。教过我们的老师还在，很多优秀的年轻教师也来了，这就是永安乡中学振兴的根本。只要我们有梦想、有信心、团结一心、众志成城，我们就一定能创造永安乡中学更加美好的明天。

也许有人要问，永安乡中学究竟能搞成什么样子？我不想给大家做任何承诺，也请大家不要对我抱有太大的希望。我只想告诉大家，我们班子有信心、有决心、有能力让学生在永安乡中学感到开心，能让教师在永安乡中学感到称心，能让老百姓把子女送到永安乡中学读书后感到放心！这将成为我们毕生所求。

借此机会，我请大家"三个放心"。

请大家放心，我不会处理任何一个人。很多人知道我从出生到工作到现在，倍受坎坷与艰辛，太多的苦难和挫折让我懂得了珍惜，懂得了宽容，懂得了忍耐，懂得了坚强，我不会把自己曾经受过的坎坷和艰辛又加到别人头上去。想想大家收入不多，处境不好，我不能带领大家改变现在的生活状态，我还有什么理由来处理人呢？我想，不管以前我们曾经发生过什么，是否有过纠纷和误会，但它所代表的都是过去，我们得放下过去，一切向前看。我到永安中学当校长为自己立下的第一条规矩：宁愿别人十次有意负我，我也不能一次恶意伤人。

请大家放心，我不会拿任何一点儿好处。钱是学校这个大塘中的水，如果水浑浊了，也别指望学校能清亮。我记得有位领导曾经讲过：人应该常到三个地方去看看。一是到困难地区去看看，看他们生产的艰难，生活的艰辛，就知道我们这些带头的责任有多大，使命有多重；二是常到监狱去看看，看那些因贪婪而失去自由，甚至生命的人们，就知道应该常怀廉洁之心，珍惜权利，珍惜名誉，珍惜自由；三是常到墓地去看看，看看那些死去的人们，就知道人生就是一个过程，钱财、名利、地位生不带来，死不带走，最终都是一抔黄土，因此，就更应知道淡泊名利，珍爱生命，珍爱友情，以不负此生。我可以向大家保证，不仅我，包括我们教辅站到永安乡中学一起过来工作的同志，绝不在永安乡中学占一分钱好处，这就是我为自己立下的第二条规矩。就像教辅站吴秀贵老师讲的，我们是到永安乡中学来做"无名英雄"的。

请大家放心，我不会否定任何一个人的功劳。目前，永安乡中学发展困难多、任务重、压力大。这比以往任何时候都需要我们全体职工同舟共济，合力突围。管理学中有一个"木桶理论"是这样讲的：一个木桶所装水的多少不取决于木桶中最高的木板，而取决于最低的木板。同样一个单位的管理成就不取决于最优秀的员工而取决于工作效率最低的员工。我们当然知道，职工素质有高低，能力有大小。但我想，人是可以改变的，目前，只有大家同心协力，有智使智，无智使力，永安乡中学振兴才有希望。现在我可以明确告诉大家，不管经费有多难，该用的钱我一定会让它准时到位。同时，我会对评优、晋级、评职称进行全面改革，最终让有能力、肯工作、有成绩的教师有所回报。一句话，要通过我们的努力，让社会看到永安乡中学有发展苗头，让学生读书有奔头，让教师教书有想头。

借此机会，我向大家提"三点请求"。

一是请求大家自尊自重。一个受人尊重的人首先是一个自尊自重的人。学校管理的原则是以人为本，管理的使命就是能让全校师生在人生中有所发展。但管理常常是一件尴尬的事。能在一起工作，是一种缘分，大家不是师生就是同学，不是亲戚就是朋友，对违反规定的事，要进行自我约束。但既然是学校，就有办事规则，没有规矩，不成方圆，校长是全乡老百姓的校长，照顾了个人，就犯了众怒，我对个人所谓的"负责"就是对全乡人民不负责。当然，我知道绝大多数老师都挺好的，违反纪律的人只是极个别人。我先在这里打个招呼，如果有一天，你的行为已经让纪律和原则无法宽容，我们提醒你、批评你，我先向你道个歉，这是公事，是为了工作，是不得已而为之的事。所以，我请大家自尊自重，一切都得按照规矩办事。

二是请求大家自学自强。永安中学要发展，需要一大批优秀教师。不管我们是有经验的老教师还是初出茅庐的年轻人，都应该知道，干教育是一个终生学习的过程。我们的梦想是要把永安乡中学办成一所有知名度，在全县有影响力的学校，那么就必须要有很多有知名度的老师。今后，我们会在教师培训上出台很多措施。我想，是千里马的一定会有宽广的草原，是百里马的想方设法一定要成为千里马。

三是请求大家自我超越。永安乡中学目前是个普通中学，但终究会是品牌中学。你现在是一个普通老师，也许不久后就会成为优秀教师。教育需要梦想。很多人不理解，认为我们教辅站的人是吃多了没事干，放着清闲的日子不过，到永安乡中学来找苦吃。我只想告诉大家，除了梦想和责任，我们找不到其他理由。我们有一个梦：把永安乡中学办成一个地区双优，全县知名的初级中学。今后，我们不会扩大招生，我们要走的是精品办学之路。我们的终极目标是让教师在永安乡中学教书感到骄傲，学生在永安乡中学读书感到自豪，家长感到自己的子女在永安乡中学读书是受到了最好的教育。也许你认为这是梦想家的预言，但我告诉你，世界上好多事情不是做不到，而是想不到。所以，我请求大家从普通学校，平庸教师的束缚中走出来，自我超越，自我创造，实现自身价值。

老师们，虽然大家都很熟，但今天是我任永安乡中学校长后与大家正式见面，也就借此机会与大家讲了几句心里话。我相信，有各级领导的大力支持和充分信任，有班子成员的精诚团结和教师们的齐心努力，永安乡中学一定能攀越高峰，走向辉煌，奔赴美好的未来！

农村初中，原来可以办得更好

——在全县教育管理经验交流会上的发言

尊敬的各位领导，同志们：

根据会议议程安排，现我就学校几年来的发展状况作一个简单汇报。这几年，永安乡中学经历了迷茫、阵痛、突围、超越等几个发展阶段，我作为一个上级政策的坚定执行者、本校制度措施的亲自制定者，深深体会到教育难，农村教育更难。我带领这个团队，一直在这块贫瘠的土地上耕作，备尝艰辛。通过不懈努力，我们看到了农村教育的一线曙光，我们不禁感叹：农村初中，原来可以办得更好！我就以这句话作为今天汇报的题目，与诸位共勉。不当之处，请大家批评指正！

地域——边远、贫穷、落后把我们尘封在教育的边缘

我总结永安乡中学的地域现状为：一远二少三不靠。一远就是我校距县城100多公里，是全县离县城最远的初级中学。二少既是人均收入少，全乡年人均收入不足1 000元，也是人口少生源少，全乡适龄少年一般在600人左右。三不靠即不靠城区大镇、不靠交通要道、不靠人文景观。边远、贫穷、落后把我们尘封在教育的边缘。

记忆——债务、消极、慵懒让永安乡中学长期低迷不振

一段时间，分析永安乡中学状况，觉得学校有三个问题表现突出：一是债务巨大，90多万的学校债务与长期的入不敷出让学校无法正常运转。二是消极因素，因教学质量不高，社会认可度和满意度也不高，学校少了些精气神。三是慵懒状态，教师慵、懒、散，学生油、逛、闲，学校校风、教风、学风未能风清气正，学校很长时间低迷不振。

思考——重教、安宁、年轻唤起永安中学振兴之梦

不利条件和有利因素在某种条件下会相互转化。我们认真思考，认为永安乡边远，经济水平低，对教育发展不利，但这个不利条件又生出三个有利因素来：第一个有利因素是永安人很重视教育，要改变贫困落后的面貌，倾尽全力送子女读书，人民支持，这就是办好教育的大好环境。第二个有利因素是边远，学校周边环境相对安宁，无网吧诱惑，无闲杂人员干扰，只要学校内部风清气正，这里就绝对是办教育的一片净土。第三个有利因素是年轻，学校老教师不多，像我们整个班子，5年前基本上都是30岁左右，正是干事创业的"青春期"，因为年轻，我们有梦想，我们有激情、有精力、有智慧做好每一件事情。

实践——培养、管理、改革三项措施让学校破茧成蝶

加强教师培养。教育的以人为本从一个方面去理解就是教育以教师这个"人"为本。学校之名在名师，没有好教师，不谈好教育。为了培养一批好教师，我们念好"压、训、炒"三字经。"压"就是压担子，每一个教师都能上实验班，每一个教师都有发展的机会。把优秀人才安排进学校管理层。二是训，送出去培训，学校舍得花钱，对年轻教师的引领，学校舍得出力。三是炒，即是鼓励。教师也需要奖励，需要包装，需要明星效应。我有一句感触最深的话"好教师都是鼓励出来的"。成长需要关心，

成功需要鼓励。你的教师成功了，在公共场所公开表扬，这是最好的教师培训方式。

加强学校管理。第一要加强经费管理。学校要管好，首先要管好钱。天下不患贫而患不均。学校经费的节俭、公开、透明使用是学校领导获得教师信任的前提和基础。为此，我校经费实行"三不准"：大宗物品采购不准校长一人说了算，不准在外签单挂账，不准用公款大吃大喝。第二是加强教师管理，我把它总结为三句话：一是建立规章制度，用"理"引导教师加强师德修养。二是增进交流沟通，用"情"打造和谐的教师团队。三是敞开校务窗口，用"公"化解教师心中疑惑。第一句讲的是学校规章制度，建立健全各项规章制度是必要的，但制定和实施的方式要科学。要始终相信并依靠教师，以实现教师自我管理。当然，学校光有规章制度是不够的。教师的管理重在"理"，不在"管"。这里的"理"首先是理清思路，思路清了，方法就有了。其次，这个"理"是理顺关系。校长在学校管理中虽然是组织者、执行者，但校长绝不是地主，总拿着皮鞭监督别人干活。校长应该是教师的战友、兄弟、朋友，只有志同道合，才能同甘共苦，才能无往不胜。最后，这个"理"是要晓之以理，培养教师崇高师德，重在引导，为此，我们要求学校班子成员在道德修养、业务素质、遵章守纪方面首先要成为教师之师。我们在教师中树立师德榜样，让教师自我对比，争学赶超。我们组织教师学习全国优秀教师典型，让教师向"优秀"看齐。这样，学校正气得到张扬，高尚师德蔚然成风。第二句话讲的是用情感交流和沟通。著名管理学家陈怡安教授把人本管理的精髓和最高准则提炼为三句话，即点亮人性的光辉，回归生命的价值，共创繁荣和幸福。学校管理的过程其实就是依靠人，尊重人，凝聚人，发展人的过程。方法只有一个，那就是用"情"用"心"。为关注、了解、把握我校教师生活的精神需求，千方百计提高教师的满意度。我们经常这样做：教师生病住院不论多远前去探望；教师有苦不论多难想办法解决；逢年过节，为教师的父母送去一件礼物，以感恩之心感谢他们支持儿女工作；开学和期末，为教师准备一餐盛宴，以感谢他们辛勤耕耘；组织春游野炊，让教师在轻松之余获得尊重；集体座谈联欢，让教师在相逢中感受家的温情；教师成功了发条短信祝贺并公开表扬；教师受挫了耐心安慰真诚疏导；教师做错了微笑着拍拍肩膀说声"没关系"；与教师冲突了告诉他"你的意见得认真考虑"。我们在对教师的管理中始终要做到尊重、理解、宽容、欣赏。理解教师的思想情感，宽容教师的过失，欣赏教师的进步，让每一个教师拥有心理安全感和平衡感。每一位身处其中的教师彼此都能享受到真诚的温暖与和谐，从而迸发出无比强大的工作热情，为学校的发展增添活力和动力。第三句话讲的是"公平公正"。校务公开是新形势下学校建立依法治校的管理体制和运行机制的重要举措。学校政务的公正透明，有利于引导、保护和发挥广大教职工参与管理、支持改革的积极性。有利于促进学校廉政建设，密切干群关系，也有利于促进学校管理科学化、决策民主化，有利于促进学校的改革和发展。为此，我们以"教代会"为主要途径，以"公开栏"为主要窗口，以"意见箱"为主要渠道，以"接待室"为主要平台，凡学校有重大决策和改革，我们广泛征求意见，充分民主协商。凡学校经费、人事等敏感事项，我们一律公正办理，公示公开。这样，班子之间、教师之间、教师和领导之间就有了相互信任的基础，学校就成了以信任为本的精神家园，教师个个心中无疑惑，人人宽心做工作。第三加强学生管理。纠正学生坏习惯，我校出台《永安中学学生管理十条禁令》，为加强安全管理，我们实行《教师值周值班制度》，制定《永安中学安全管理规定》，固定学生床铺，落实走读离校登记。实行查夜查岗，完善班级财产承包管理，让学生有章可循，有规可守。

狠抓教育质量。为狠抓教育质量，我校出台《永安中学加强教育管理，提高教育质量的若干意见》，亮点是有了教育质量监控中心，改革了考试办法。制定《毕业班工作方案》，这其中的指导思想有"六不"，即不放弃任何一个学生，不放下任何一个细节，不放松任何一次考试，不放过任何一点儿疑难，不讲任何情面抓管理，不惜一切代价抓质量。实行科任教师联系优秀学生制度，设立升学奖。这三项措施把学校中心任务统一到了抓管理、要质量上来。

对比——条件、师资、质量已发生了根本变化

通过几年的努力，学校办学条件、师资水平、学校管理、教育质量都有了明显变化。

在办学条件方面，发黄的旧照片已成为历史，学校占地面积和建筑面积逐年扩大。学校各功能室已全部建成投入使用，一个集绿化、美化、亮化、文化、信息化、现代化于一体的一流办学条件学校建设已初步实现。

在师资水平方面，我校现有地级骨干教师5人，县级骨干教师3人，优秀年轻校级骨干教师25人。获县级以上优质课竞赛奖11人。实现了数量基本够用，学科结构合理，学校师资水平近些年得到全面提升。

在学校管理方面，5年来无重大安全责任事故，学生人数增加，校风、教风、学风风清气正。学校多次荣获全县教育系统先进集体、教育质量先进单位、德育工作先进单位、教研工作先进单位、安全工作先进单位等荣誉称号，多次受到上级表彰奖励。

在教育质量方面，2009年中考省级一类示范高中铜仁一中录取4人，松桃民族中学录取57人，总分、平均分位居全县第8名。2010年中考省级一类示范性高中铜仁一中录取3人，松桃民族中学录取47人，总分、平均分位居全县第2名，在全地区232所中学中位居37名。教育质量进入了全市前列。

反思——师资、债务、质量让我们深感任重而道远

在看到取得成绩的同时，我们也清醒地认识到，学校还面临很多具体问题和困难，会遇到很多阻力和挑战，主要有：

一是师资问题依旧突出，教师数量还有很大缺口，高素质教师队伍还没建成，新来的年轻教师要调走，学校培养的骨干教师想调入城区中学任

教，离教师进得来、留得住、教得好还有很长的路要走。

二是学校债务问题依旧突出，在学校分批次有计划还清了学校原存量债务后，由于新增改善学校办学条件，所有工程皆无上级项目支撑，学校发展产生巨额债务，巨额债务阻碍学校快速发展。

三是教育质量提升依旧突出。这些年因加强学校管理，规范教学常规，教师苦教、学生苦学，教育质量从一个低基础阶段很快上升到了一个高度，但在更大的提升和突破上，遇到了瓶颈，这个瓶颈只有依靠课改，需要在构建高效课堂上取得新进展，有所新作为。

鸣谢——领导、朋友、亲人让我们时常心怀感恩

永安乡中学在短短几年内能取得今天的成绩，要衷心感谢教育局和乡党委政府领导的特殊关怀，是各级领导的关心、支持、帮助使永安乡中学有了这么大的变化，才让我们有信心和决心走得更远。要衷心感谢朋友和兄弟学校的沟通交流，传经送宝，让我们取长补短，让我们有了向外界学习交流的机会，给了我们内生动力和激情，帮助我们逐步提高和进步。还要衷心感谢我们的亲人，这些年为了学校发展我们以校为家，风来雨去，是因为有家人们的默默支持，无私奉献，才成就了永安中学今天的辉煌，在此一一谢过！衷心感谢大家！

探索教育改革，实现提质增效

——在全县提升教育质量经验交流会上的发言

尊敬的各位领导、各位校长：

根据会议安排，现就我校教育教学改革的一些探索与思考向各位简单汇报。

一、适应新形势，构建教育教学新理念

近年来，我校教育质量的提升常常是采用这样的策略：给优生分个重点班，牺牲休息加班又补课，定个目标发点儿教学奖，放弃部分差生搞质量。然而，在新常态下，招生不活、开除不能、发钱不行、补课不能、分班不许、苦教不灵。原先使用的老招数显然已经不能适应新时期教育的发展，制度和规矩迫使我们进行教育教学改革。理念是行动的先导。为此，我校组织开展了教育管理改革"三个一"计划（比一比，比出成绩和差距；议一议，找出路径和方法；拼一拼，干出成绩和品牌）大讨论，最后大家达成共识，树立了这些理念：一是教育的"五苦"精神（政府苦办、学校苦抓、教师苦教、学生苦学、家长苦送）值得发扬，但以牺牲师生生命健康为代价的教育质量不值得提倡，教育原本是幸福快乐地成长，不是漫长的苦役和煎熬。二是不准补课，我们必须改变观念，上班时间少不等

于休息时间多，要用空闲时间思考工作。上学时间少不等于学习时间少，学生学习时间要向课后延伸。上课时间少不等于教育质量差，要从高效课堂去找教育质量突破口，要研究教法确保有效传授、要研究考纲确保重点把握、要研究学情确保高效吸收、要研究作业确保有效巩固，教师的课要上一节像一节，干一天有一天的效果。三是不再分重点班。教育是面向全体学生，对每一个学生负责。管理者潜意识把学生划分为重要和不重要两部分，本身就违反了教育本质。乡镇初中在一段时间内因师资、生源等原因分班是可以理解的。但县城大规模初中，不是几个重点班就能支撑起全校教育质量，班班都好才是真的好。四是没有奖金不等于没有奖励。奖金已由政府以绩效方式承担，教学质量与教师职称、评优挂钩的奖励政策学校随时可以有，教师可能重视钱，但更重视名誉和价值。这些教育教学新理念的构建得到了广大教职工中的认同，为学校实施教育教学改革统一了思想，铺平了道路。

二、探索新路径，达成提质增效新办法

如何实现提质增效？我们主要有以下探索实践：一是对全校教师全面"洗脑"。学校实施的"三个一提质增效计划"中第一个环节就是"比一比，找出成绩和差距"，学校分年级组召开教学质量分析会，对各教师所上班级学科、教学成绩进行排名、对比和分析，找出各教师的成绩和差距、优势和短板、付出和效果。同时，对全校排名靠后的老师由各教研组通过听课、分析课，对其把脉问诊，剖析其教学思路疾症，校正其教学手段和方法。通过对比、分析，我们发现了一批新的骨干教师，让一批一直以骨干教师自居的老教师重新认识了自己，有了危机感和紧迫感。"时代在变，观念要变，方法要变"就成了学校教师的主流认识。教学研讨过程是教师思想挣扎的过程，教师从痛苦中裂变，逐渐被"洗脑"，最终有了新思想、新观念。二是对任课教师"洗牌"。我们给全部教师展示教学水平的机会，但一年以后，学校根据教师教学水平对教师任课进行全部"洗

牌",很多年轻教师担任了实验班主课,部分自以为是的骨干教师退居到二线,极少数教师被转岗到后勤,给三年级上课的教师被调整到一年级从头再来。这次任课教师的重新"洗牌",对教师们的触动很大,较真、较劲、不服输的性格让教师来了拼劲,教师争、比、赶、超让教学水平和成绩得以快速提升。三是对教育路径"洗手"。寻找提质增效路径我们分三步走:第一步是以抓教育规范化、精细化管理来提升教育质量。我们主要采取了以下措施:一是改善学习环境。近两年投资近2 000万元创一流办学条件,为学生创建了一个舒适安静的学习环境。二是治理外部环境。加强校园周边环境整治,切断学生与社会闲散人员的关系,斩断伸向学校和学生的校外黑手,让学生不再受外界的干扰和影响。三是改变行为习惯。严格学校学生管理规章制度,在管理的不同阶段根据学校存在的突出问题实施专项整治。通过持续不断的措施接力和高效整治,优良校风、学风逐步形成。第二步是抓教研教改,推进学法创新,不断提升教学质量。我校高度重视教研教改,始终以教改为突破口、对目标教学、洋思教学等教学模式进行研究,结合我校学生实际不断创新教学方法,推进学法创新。通过不断的探索实践,我校英语学科总结的"听说领先、读写跟上"、数学学科提炼的"勤思多练,深入浅出"、语文学科得出的"听中学、看中学"等学科学习模式得以成型推广,各学科考试成绩得以快速提高。第三步是通过强化常规督查和严肃考试纪律来提高教育质量:一是严格按照教育局教学常规管理办法抓好教师教学常规。二是严肃考风考纪,初三月考一律实行单人单桌,考试阅卷严于中考,每考必研,让教师分析成败,不断学习和反思,以提高教师素质和教学质量。

三、实施新评价、实现师生共成长

学校不断完善教学质量监督和考评机制,实施五个评价:一是综合考核评价。把教学质量指标占50%作为教师综合考核,兑现教师奖励性绩效工资和政府效能奖。二是教育质量杰出贡献评价。将在考试中对平均分、及格率、低分率三个指标有突出贡献的教师评为优秀教师。三是中考教学质量评价。给中考成绩达到学校奖励目标的教师和行政人员发奖。四是学校年度评优评模评价。学校以占全校教师 20% 的人数比例按考核分从高到低确定奖励名单，发奖金和证书。五是教师职称评聘、县以上评优评模一律唯考核分论，实行教学质量一票否决。这些教学质量评价体系的不断构建和完善，极大地调动了教师的积极性，教师不甘落后、想上课、上好课的氛围已形成。

学校不断完善对学生的激励和评价机制：一是宣传表彰奖励。每学期对成绩优秀的学生进行一次全校性优秀学生评选表彰。对每期考试总分居全年级前 100 名的同学进行奖励并向家长发喜报。将单科第一名，平均分在 90 分以上学生评为"学习明星"，并将其照片在学校宣传栏展出。对每一次的考试优秀生进行公布，让优秀学生时刻感受到自身的荣誉和价值。二是树立典型，学校对历届毕业学生进入高中后考入名校的学生用图片、文字制作宣传框悬挂在教学楼走廊，对每年我县中考状元，全县前 10 名进行宣传，让学生看到身边的榜样，感受到激励、鞭策和鼓舞。

通过实施以上措施，学校教育质量得以逐步提升：今年中考总分、平均分回归全县第一，省级一类示范高中铜仁市第一中学录取人数达 112 人，比往年翻了一番，初二年级统考，全县前 200 名我校占 103 人，达到了 50% 以上，2015 年、2016 年，连续两年被评为"铜仁市城区公办初中教育质量二等奖""全县一类校教育质量一等奖"。

当然，作为一所优秀生源相对集中，师资水平相对较高的城区初中，这只能说是教育质量的一个小小的进步，四中要赶上全市一流学校，还有很长很长的路要走，我们且行且探索！

努力提升学校办学水平

——在全县教育管理经验交流会上的发言

尊敬的各位领导、各位校长：

　　根据会议安排，现我就学校的管理和教育质量提高作一个简单汇报。这几年，我作为一个基层教育工作的实践者，深感农村学校之艰难。每个学校都在不断探索，不断创新，努力办让人民满意的教育。但要真正让人民满意，我们只能说，永远在路上！所以把这句话改成"努力提升学校办学水平"，我就以这句话作为今天汇报的主题，与诸位共勉。

一、回忆过去，"四个一流"让我们待在妄自尊大的井里

　　在全县教育工作者的眼里，松桃民族寄宿制中学（以下称"松桃四中"）有"四个一流"：条件一流、师资一流、学生一流、质量一流。其实，真正的情况并非这样。首先是办学条件不一流。近十多年来学校没有上级专项投入，学生寝室严重不够，操场长满荒草，与很多乡镇中学都不具可比性，县长曾多次在学校建设工作会上说"四中不像学校的样子"，一句话高度概括了我们学校的办学现状。其次是师资不一流。与全县很多学校一样，教师流动大、缺编多、老龄化严重等问题导致我校教师无论是数量还是素质都与一流师资相差甚远。再次是学生不一流，从总量上看，

我们的优秀生源比其他学校多，但我们也承担了太平、蓼皋两个乡镇共9个村的划片九年义务教育普及任务，基础差的学生也多，导致我校低分率长期偏高，总分、平均分在全市始终无法靠前。最后是质量不一流。从每年升学考试考入铜仁市第一中学、松桃民族中学这两所省级示范性高中的总量上看，我们是全县第一，但从总分、平均分、优秀率等方面分析，我们并不一流，尤其作为全县初级中学的代表，不能和全市初中名校比，用田局长的话说"多年没有获得市级教育质量奖"，教育质量其实不一流。但这些表面上的风光，长期影响了我们的认识判断，四中尘封在夜郎自大的阴霾中，故步自封，如井底之蛙，妄自尊大，自我感觉良好。

二、思考现在，"四个条件"唤醒松桃四中重振之梦

我们认真思考，松桃四中有四个有利条件：一是地处县城，为全县师生趋好流动首选地，招生招师容易，区位优势明显。二是学校规模大，城镇化推动导致生源猛增，作为全县初级中学一类校，各级领导重视程度高，向上争取资源配置相对容易，为学校发展提供机遇。三是教育质量低水准，但涨幅空间大，只要管理跟上，教育质量上升明显且有足够大的空间。四是学校班子强，教师基本上都是40岁左右，正是干事创业的青春期，我们有思想，有智慧，有情怀，有经验，有能力做好每一件事情。

三、大胆实践，"四项措施"促使学校持续健康发展

面对我校客观实际，我们在充分调查了解及征求意见的基础上，确立了"12345办学思路"：强化一个目标（把学校办成全省上品、全市珍品、全县极品的西部农村初中示范学校）、重出两个拳头（抓管理的拳头和抓质量的拳头）、坚守三个方略（理性制定政策、刚性执行制度、人性情感关怀）、构建四个体系（科学的质量评价体系、平安的安全保障体系、规范的学校管理体系、和谐的人际关系体系）、实现五大提升（办学条件得到提升、师资水平得到提升、管理效益得到提升、教育质量得到提升、幸

福指数得到提升）。主要采取下列措施抓好工作：

一是建立健全学校规章制度。学校针对师生懒、散、慢等情况，先后出台了《学生管理十条禁令》《安全管理十项规定》《教师考勤制度》《教师值周值班制度》《班级管理考核方案》《教师综合考评方案》《毕业班工作方案》《毕业班奖惩制度》等8个顶层设计的规章制度，并严格执行，使校风学风明显好转，师生行为逐步规范。

二是努力改善办学条件。学校先后实施了亮丽工程和维修工程。对教学楼、学生宿舍楼进行了全面维修，排除各类隐患，新增课桌900套，新建功能室7个，累计投入资金300万元，学校办学条件得到了极大改善。

三是狠抓教育质量。抓教育质量我们主要唱好"教师、学生"两台戏；念好"导、督、奖"三字经；搭好"训、考、研、析"四个台。所谓唱好"教师、学生"两台戏就是在对教师队伍的培养和对学生的管理上下功夫，对教师的培养我总结为三句话，即"走出去，请进来""上挂职，下锻炼""既拜师又带徒"。对学生管理我总结为教育与惩罚并重、奖励与批评并重、引导与堵截并重，让学生守纪律、惜时间、爱学习。所谓念好"导、督、奖"三字经："导"就是通过明确教育质量占教师综合考评50%的比重及与奖金、职称挂钩引导教师具有高度的教育质量意识。"督"即监督教师教学常规，督察考风考纪，督导质量分析，督战毕业班工作，形成浓厚的抓教育质量氛围。"奖"即重奖教育质量，对每学期和中考教学成绩突出的老师进行重奖，对考试平均分在90分以上、单科状元、全年级前100名的学生也进行奖励，让全校上下都以教育质量说话。所谓搭好"训、考、研、析"四个台就是对教师培训、学生考试、教学研究、质量分析搭好台，让师生的教学真正高效。通过不断的实践与探索，我校的教育质量有了新的起色：2015年中考，我校600分以上8人（全县15人），500分以上267人，比上年翻了一番，高分段人数比例在全县排列第一，总分、平均分在全市223所公办初级中学中位列第12名，省级示范性高中录取率达到了53%，超额完成了县下达的教学目标任务。

四是加强学校综合管理。积极做好党风廉政建设工作和安全卫生工作。通过宣传、教育、引导、督促、检查、值班多形式、全方位抓综合防治，一年来，学校无任何安全事故发生，学校及教职工无任何违纪违法行为。学校被铜仁市综治委评为"安全文明校园"、学校党支部被县委评为"全县先进基层党组织"。学校得以健康、持续、科学发展。

四、总结反思，"四个瓶颈"我们深感任重而道远

一是新常态下的政策瓶颈。这些年，我们教育质量的提升很大程度上靠教师苦教、学生苦学得来，现政策逐步健全，不准补课、不准收费、不准分重点班，我们常用的一些老招数已经不适应新环境，下一步该怎么走？二是新时期的师资瓶颈。教师旧观念、旧方法已经很难适应今天的新教育，教育质量的提升路在何方？三是新阶段的学校管理瓶颈。学校奖惩机制、激励机制随着经费的规范使用土崩瓦解，如何调动教师积极性？这成为学校管理中又一个全新课题。随着法制的不断健全，媒体的不断曝光，学校对学生的教育及管理难题如何破解？四是学校安全瓶颈。对于安全，学校事务越来越多、责任越来越重、压力越来越大，安全重于泰山，学校如何承受如此之重？这些困难和问题都让我们深感任重而道远。

总之，困难是暂时的，前途是光明的。我们相信，有县委、县政府的坚强领导，有教育局的具体指导，只要我们克难攻坚，负重拼搏，学校办学水平就一定能提升！

感动、感想、感恩

——在全县教师节表彰大会上代表获奖优秀教师发言

尊敬的各位领导、各位同仁：

很荣幸我能在这里代表获奖优秀教师发言，请允许我用三个词来表达此时此刻的心情。

第一是感动。今天，全县教师节表彰大会隆重召开，充分体现了县委、县政府高度重视教育，也充分说明各级领导对教师的爱戴和关心。我从教21年，在乡村工作18年，当了17年校长，和很多扎根在基层的教育工作者一样，为松桃教育的发展默默地耕耘，苦苦地坚守，平凡而简单。但今天，组织把全县"十佳校长"这份殊荣送给我，功薄而荣厚，让我十分感动。我心里充满了温暖、充满了崇敬、充满了对松桃教育美好明天的向往！在此，我谨代表全体受表彰的教师对领导们的重视、关心、爱护表示崇高的敬意和衷心的感谢！

第二是感想。近几年是松桃教育高速突围的几年，县委、县政府倾情打造教育，立志使松桃教育复兴振兴，我在工程办工作2年，记录了县委、县政府对教育的重大投资和重要决策，三年十多亿的巨额教育投资，每年上百万的教育奖金，每年一次全县表彰大会，这些教育大手笔，在松桃的教育史上没有，在临近区县没有，在全省也少有。县委、县政府为松桃教育腾飞铸造了一个高端平台，作为一个教育工作者，我们没有理由办不好松桃教育，我们有幸生在这个时代，为松桃教育出彩尽力，义不容辞，责无旁贷！

第三是感恩。松桃教育要冲出洼地，走向高地，现在正是爬坡上坎的阶段。松桃教育发展的主要矛盾已经不再是钱的问题，而在于全县教职工的精神状态，需要广大教职工沉下身、静下气，提振精神，调整状态，以更加饱满的工作热情，以更加勤奋踏实的工作作风，一步一步地走，一点一点地提升，松桃教育终究会出彩。在此，我只是向全县教育工作者倡议：我们今天能有这份工作，靠的就是教育，让我们心怀感恩，当校长，把学校办好，当教师，把书教好，不辜负全县老百姓对优质教育的热切期望，不辜负党委政府对教育发展的殷切期盼，不辜负各级领导对我们的关心和厚爱！

谢谢大家！

农村校长的使命与成长

——在农村校长专业成长专题培训班上的发言

各位校长：

下午好！

非常高兴能和大家一起在这里学习，希望能够给大家带来一个愉快的下午。我和大家一样，来自基层，来自农村学校，所不同的是，我比你们更远，因为我所工作的永安乡是全县28个乡镇中离县城最远的乡镇之一。接到教育局的通知，要我给大家介绍一下当校长的经验，这是一个很大的命题。说实话，我虽然在很多岗位上工作过，当过乡完小校长、教辅站教研员，到教育学院进修两年，到教育局挂职学习一年半，现仍然任教辅站站长兼任中学校长，但包括今年在内，我在教育岗位上才工作十二年，不管是从学识、阅历还是从经验，要谈如何当好校长，都很肤浅。更何况，我一直以为，教育管理有方，但没有放之四海皆准的良方，各校因校情不同，管理措施各异，若妄谈经验，非但不能给人以启迪，反而会把人引入误区，所以，我就改弦易辙，把这一次经验介绍改成我与在座的各位一起对农村校长这一角色进行一次探索，主题是：农村校长的使命与成长。

第一讲　蜕掉你身上那层自缚的皮

我看这个培训班一共56人，我作了一下统计，其中，除县城一、二、三、四完小5人外，其余都来自乡镇，其中44人来自村完小。我想问的是，你们当中有谁是向组织申请要求当上校长的？我想，99%的人不是，因为，安排学校校长是上级最为头痛的问题，尤其是农村学校校长，我们几乎每年都要收到辞职报告，如果有人要写申请去当村小校长，那我认为，他是很有教育情怀的。那我们是怎么当上校长的？我想有两个原因，一是组织信任与重用，二是个人能力与素质。领导看你行，找你谈话，大道理一说，感情话一讲，我们经不起抬举，就像刚才龙校长介绍我的那样，本来不是那么回事，但人们从来不拒绝美丽的谎言，几句暖心的话让你心潮澎湃，我们毕竟是教师，不好推辞，也来不及推辞，一不小心就当上了校长。

一、我认为，任农村校长是有重大价值的

没有人愿意去争当农村校长，但我认为，当农村校长是有重大价值的。作为一名农村学校校长，我认为其重要价值主要体现在以下几个方面：

校长引领着当地先进文化。一位农村校长一般是这个区域内文化程度相对较高的人。他的见识更广，眼光更远，素养更高，对事物的判断与处置比别人更具水平。他知道，一个地方的落后首先是教育文化的落后，一个地方要改变首先是教育要改变，校长就成了这个地方引领文化朝向先进发展的带头人，这是校长最重要的、最有价值的使命。如果你有幸成为这样的人，不管你将来是否功成名就，你都做了一件利在当代，功在千秋的大好事，你都是人们心中值得尊重、值得敬佩的大好人，干什么都没干这

个校长有意义。

校长提升了本地公民素质。虽然校长这个官不大，但肩负的责任与使命不小，且不说人类灵魂的工程师；教书育人，为人师表；太阳底下最光辉的职业，等等，这些让人头晕目眩的对一般教师的要求，如果你是校长，那么，国家期望一个好校长就是一所好学校，学校不好，首先是校长不好。社会期望校长是学校之魂，言为师表，行为世范，校长就是大家的表率。学校期望校长是能为师生撑起晴空的衣食父母。一个地方一所学校的办学水平从短期看好像与当地公民的素质并无多大关系，但从长期看，这所学校办得好与不好直接关系公民的整体素质。我们都知道，素质提升是靠后天教育，当地学校办得越好，学生成人、成才、成功的希望就越大，反之，他们很难走出大山，没有受到良好的教育，其素质肯定不高。校长办学的根本宗旨就是培养人、发展人、成全人，把当地学生培养成高素质的社会主义建设者和接班人是最具价值的使命，如果有幸能成为农村学校的一位校长，去干一件为当地百姓造福的大事情也是无限功德。

校长掌控着学生们的前途命运。一位校长是否优秀关系一所学校是否兴旺，一所学校是否兴旺关系无数孩子是否成人成才。一个孩子是否成人成才关系到这个孩子的前途和命运，也关系到这个家庭的幸福和未来。所以，从某种意义上来讲，校长掌控了当地这些孩子的前途和命运。校长责任重大，使命光荣，容不得校长有半点儿消极和懈怠，天底下最不允许失职渎职的就是校长，这个价值无法计量，无法评估，干不好就是罪过，干好了就是为当地百姓造福的大事情，是关系当地百姓切身利益的最大的民生事业，可以说很崇高很伟大。

我们不难得出结论，当校长是一个利他的具有崇高使命，具有重大价值意义的造福众生的好事，值得去干，值得干好。

二、我认为，农村校长是能干出彩的

有人说，校长的岗位太平凡，平凡的岗位只能是普通。于是，只好安于现状，不求有功，但求无过。其实，这是天大的错误。教育这个平台，如果你是一艘船，它就是浩瀚的大海；如果你是一匹骏马，它就是宽阔的草原；如果你是一棵大树，它就是肥沃的土地；如果你是一只雄鹰，它就是湛蓝的天空。教育这块土地上，有好多路能让我们走向成功、走向精彩。你可以努力教书育人做出成绩评高级职称，为自己的存折多填些阿拉伯数字，使自己经济变得宽裕；你可以默默无闻地爬格子，把自己的名字铅印在全国各类报纸杂志上，以体现人生的成就；你可以钻研教学业务，成为名声在外的骨干教师、教学能手、优秀教师、特级教师，以受到世人的尊重；你可以潜心管理，让自己成为某一领域的专家，当一名优秀班主任或出色的校长……这些都是走向成功的道路。也许，你认为这很难，这只是少数人的命运。其实，大家仔细想想，哪样事情能随随便便就成功？从政有常人难以承受的压力，稍有不慎，身败名裂。经商有凡人不可预见的风险，一不小心，就会倾家荡产。就是当农民，说不定哪天也遭天灾人祸。这就应了"成人不自在，自在不成人"这句话。相比之下，当教师还好，就目前来看，职业不会有太大的危机，温饱问题已经解决，我们为什么不能坐下来，好好教书，好好做学问呢？做好了，我们就成功了。做不好，也没关系，我们没花多少成本，我们可以继续再做。如果我们一直心怀梦想，执着追求，在平凡的岗位上我们就能创造精彩，像于奇、钱梦龙、魏书生、李镇西等一大批全国著名教育家，不都是在平凡的岗位上做出了不平凡的业绩吗？我们不能躲在自己营造的"不可能"的茧里，为我们的无所作为找借口。

有人说，农村条件太艰苦，艰苦的环境创造不出奇迹。我们很多教师，一旦到了乡村，从此就不再做梦。我想告诉大家，享誉世界的帕夫雷什中学就是在乡村，世界著名教育家苏霍姆林斯基就是一所乡村学校的校长。著名特级教师余映潮也曾在农村当过民办教师。我国著名教育家魏书生也曾在辽宁盘锦地区新建农场的红旗小学教书，最终他还是走到了"南钱北魏"的位置。也许你会说，这些离我们太远，他们必定是中国这个庞大教育系统中的几个精英。那看看我们身边，有扎根边远山区格老村小却是全国劳动模范、优秀教师的田沛发；有固守大山数十年却成了全国劳动模范、优秀教师的刘恩和；有一直在村小和乡完小教书却成为全国劳动模范、特级教师、香港柏宁顿孺子牛全球奖获得者、省管专家的小学校长梁中凯；有获得"东芝希望工程园丁奖"，当选为贵州省党代表却是在印江县芭蕉教学点工作的晏祖福……这些人不都是在乡村工作吗？魏书生曾在《多改变自己，少埋怨环境》中这样写道：刚当教师时，领导便分配我做班主任，同时教两个班的语文课。学生不尽如人意，一个班还不错，另一个班可就难了。50多个学生全是男生，是从各个班挑选出来的后进生。他们爱玩，不爱上课，有几个学生连自己父母的名字都写不对，却埋怨父母名字太难写。学校的环境也不尽如人愿，教室是条件简陋的平房，因为隔音差，以至于一个教师讲课，几个教师都听得见，互相干扰。冬天下雪，雪花从露缝儿的屋顶直接飘到教室里来。面对这样的环境，我埋怨过，灰心过，也等待过，但结果是学生越来越难教，自己的脾气也变得越来越糟糕。黄金般宝贵的光阴，换来的是一大堆无用的指责和埋怨，真乃人生的悲哀……埋怨环境不好，常常是我们自己不好；埋怨别人太狭隘，常常是我们自己不豁达；埋怨天气太恶劣，常常是自己抵抗力太差；埋怨学生太难教，常常是自己方法太少。人不能要求环境适应自己，只能让自己先适应环境，先适应环境，才能改变环境……人在改变自己适应环境的同时，环境也会渐渐遂了人愿。这就是大师的境界。我想，大师之所以是大师，就在于他有这份面对现实的勇气和执着。余映潮老师有句名言：名师，都是在艰苦的环境或自设的艰苦环境中成长起来的。如果我们还在以"环境不好"为借口，那我们注定永远也成不了"大师"。

有人说，校长任务重，时间仓促做不了什么大事。我给大家介绍几个人：一个是苏州大学博导、苏州市副市长朱永新。市长有多忙，时间有多紧，任务有多重，是不用解释的。但他却多次主持联合国教科文组织委托研究项目、国家自然科学基金项目、国家社会科学基金项目及省科研项目，主编出版《当代日本教育丛书》，主持《新世纪教育文库》的编选与出版工作。在多个国家发表论文200余篇，文章100多篇。一个是特级教师、著名的成都市武侯区实验中学校长李镇西，当着校长，上着课，还认真完成"五个一"工程。一个是江西教育学院附属中学校长饶建中，当着全省优质高中校长，可以说有做不完的事，从教25年，做了12年校长，却写了24年小说，出版了4本个人专著，成了"作家校长"和"校园作家"。地区教研室原主任石荟芸老师，承担多个教科研课题和教研室事务，却依旧四处讲课，笔耕不辍……他们有繁忙的行政事务，却能在教育教学及教科研上取得丰硕的成果。由此说来，说没有时间，其实是我们浪费了大量的时间，说工作繁忙，其实是我们工作方法有问题。魏书生说："潜心育人，校校可成净土；忘我科研，时时能在天堂"。希望大家记住：时间仓促，不是拒绝我们走向成功的借口。任务繁重，不是阻碍我们创造辉煌的理由。

有人说，我们基础差，起点太低达不到一定的高度。我们很多教师认为，凡功成名就的都是些专家学者，他们都是高起点，作为一个普通的教师，少去做这些白日梦。我们查看一下全国劳动模范、特级教师、香港柏宁顿孺子牛全球奖获得者、省管专家梁中凯的个人简历：1962年9月生于贵州余庆县龙家镇红籽弯小山村，1980年"戴帽初中"毕业，1981年任村小代课教师，1983年任民办教师。论文凭是初中，论出身是代课教师，论工作环境是村小，何以拥有如此辉煌的成就？余映潮是初中毕业就教书，魏书生也是初中毕业就教书。魏书生曾在《坚信自己有巨大的潜能》中讲道："每个人都有巨大的潜能。纵观学业有成、事业有成的人，他们一个共同点，就是不断开发自己的潜能……人脑的潜能如地下的煤矿、油矿，如果自己不相信地下有矿，只着眼于砍伐地表的柴草，当然很快就会感觉资源贫乏，柴草越砍越少。如果坚信自己的大脑深处，潜藏着巨大的资源，立足于深处开采，那当然是不尽潜能滚滚来的感觉……"我曾给学生们讲过"出息"这个词的意思："出"乃上框"凵"和"山"，"凵"

是山,"出"即走出大山之意,"息"乃"自"和"心"即要有自尊心和自信心,要有出息,必须走出大山,更为重要的是要有自尊心和自信心。一个不自信的人,肯定是与成功无缘的。教育别人的过程其实也是自我教育的过程,教育永远都不嫌晚,不论你起点多低,不管你基础有多差,能够教育好学生也就能够教育好自己。教育永远都不嫌老,年纪越大,经验越多,研究起来越得心应手。所以,只要能找到一个起点往前走,你就能达到梦想的高度。

综上所说,我们不难得出这样一个结论:不管我们从何而来,都有可能走向远方,走向成功,走向辉煌。我们之所以原地踏步,是因为我们一直都在"岗位太平凡,平凡岗位只能做普通人;环境太艰苦,艰苦环境创造不出奇迹;任务太繁重,仓促的时间做不成大事;基础太差,起点太低难以达到一定的高度"这些我们自己织成的茧里,让封闭遮挡了视野,让岁月风干了梦想,让艰辛磨灭了精神,让俗气侵蚀了风华,从此便听不到花开的声音。如果我们想破茧成蝶,那大家首先要蜕掉你身上那层自缚的皮。

第二讲 张开隐形的翅膀

我们谈到校长不好当有无数理由,其主旨在于为已走上校长岗位和即将走上校长工作岗位的同志们预防接种,希望大家在未来的工作中对艰难能有充分的认识。事实上,校长在实际工作中所遇到或所面临的困境远远超乎我们的经验与想象。我们心中有数,就能处变不惊,游刃有余,从容面对。那么,校长如何才能起飞,如何才可以飞得更远,飞得更高?请给我们一双隐形的翅膀。

一、活着才是王道——让健康和阳光与你相伴

我不管是做教师讲座还是给学生做励志教育,任何时候谈的第一个话题都是健康。你们想,如果我此刻重病在身,我还能来给你们讲课吗?活命要紧。如果你卧病在床,你来听我讲这些有意义吗?没这心情。有句话讲:没有健康,不言幸福。健康是你一生最大的财富,健康是你一生最好的修行。有副对联:爱妻爱子爱家庭没有健康等于零,有权有钱有成功没有健康一场空。横批:健康无价。有些顺口溜:救护车一响,一头猪白养。病床前一站,一年都白干。穷人没有健康等于雪上加霜,富人没有健康一辈子白忙,老人没有健康天伦之乐成了奢望,小孩没有健康全家为他牵心挂肠。有一个公式:幸福 = 健康 + 金钱 + 权力 + 爱情 + 名誉 + ……,健康是"1",后面的都是"0","1"存在,后面的"0"越多,幸福指数就越大,没有"1",幸福就等于"0"。所以我们说:对于健康怎么讲都不为过,复旦大学教授于娟在她生命的最后日子里写了一本书《此生未完成》,封面上有句话:我们要用多大的代价,才能认清生命的意义?她在文章《丁娟的忠告》中告诫我们:名利权情,没有一样是不辛苦的,却没有一样可以带去,活着才是王道。

老师是最不注重健康的群体,我曾看过一个健康调查报告,76%的教师都处于亚健康状态。一方面是教师的工作确实很辛苦,起早贪黑,校里家中、学生孩子全是你管,顶着星星到校,照着路灯回家,把事情全部做完已是精疲力竭,没有时间锻炼。有两个问题要想清楚:你为什么这么忙?是效率的问题,可能你做了大量的无用功,方法和路径需要重新审视,付出与收获未必能成正比。是不是真没时间锻炼?实际上你把开车上班改成走路上班就可以了,没有时间常常是为我们的懒惰找到的最好的借口。另一方面就是我们学校管理的方法值得研究,比如说学校开会,每周一次例会把上级浩如烟海的文件拿来一字不漏地组织教师学习,一开就是几个小时,你在上面讲得口干舌燥,教师在下面听得昏昏欲睡,你讲什么教师根本就没听,这样的会议有意思吗?文件上要求干什么在学校群里安排好后领导督查不就完了吗?学校经常面临各种各样的形式主义检查,这样创建,那样评比,什么都要进校园,什么都要PPT问卷,动不动就问责，校长要学会变通执行。教师需要安安静静地教书。我这样讲是有依据的。从中央至地方，文件三令五申减少基层负担，减少形式主义检查，减少文山会海，会要少开，话要少讲，事要多做。还有就是学校的坐班签到制，有的学校每天四次签到还是指纹打卡甚至刷脸，美其名曰为规范管理。一个校长如果要靠打卡来维持上班，这个校长没什么号召力；一个学校要全靠规章制度去维持运转，学校肯定是在走下坡路。一个学校绝大部分教师是能够认真去上课的，常常只有这么一两个人老爱迟到旷教，学校盯住他就可以了，为什么为了这两个人学校要整一大堆制度来把大家框起来呢？教师除了教书育人之外，还有家，还要照顾老人小孩，教师也是人，不能长期超负荷工作，会生病的。管理上的以人为本主要体现在学校的规章制度的制定和执行有人文关怀。教师病假要扣考核分要扣钱，教师的亲人患病动手术请假去陪护也要扣分扣钱，这样的学校教师有归宿感、幸福感吗？教师连家都顾不上，更不会顾学校，签字也是假的，坐班也是人在曹营心在汉。我也听到有校长在大会上宣传某教师带病上岗，这是极不负责的做法，有病就该尽快去治，教书是一辈子的事情，你当一届校长把教师的身体全搞垮，学校怎么持续发展？所以警惕鼓励教师带病工作，谁主张，谁就是在愚弄教师。

二、没谁能够阻挡——让理想与信念为你开道

有一个故事讲的是：三个工人正在工地上砌砖头。有人问他们在做什么，他们的回答各不相同：一个说砌砖，一个说赚钱，而第三个人则自豪地说：我正在造世界上最美丽的房子。后来，第三个人成了著名的建筑师，而另两个人一生平平淡淡。每当我读到这个故事，都不得不承认其间蕴含的正是世间最简单的也是最深刻的道理。用米卢先生的话讲，就是态度决定一切；用心理学家的话讲，是人的抱负层次越高，成就也越大；用文学家托尔斯泰的话讲，是人活着一定要有生活目标。所谓态度决定速度，理想决定出路。青春的梦想是未来的真实投影。一个有事业追求的人，可以把梦做得高些。虽然开始的时候是梦想，但只要不停地做，不轻易放弃，梦想就能成真。人生有梦，教育需要梦想，若无梦想，教师就如同一株枯木，孕育不出生机，犹如一潭死水，荡漾不出涟漪。朱永新曾在《我的教育理想》中诗意地写道："理想是人与动物的界限，理想使人成为万物之灵/理想是伟大与平庸的分野，理想使人与众不同/理想产生激情，激情使理想的主旋律铿锵有力/理想产生诗意，诗意使理想的调色板光彩照人/理想产生机智，机智使理想的实现有了不竭的源泉/理想产生恒心，恒心使理想的探索成为快乐的进程/激情，诗意，机智，活力，恒心使理想变为现实/教育因有了理想而更有目标/教育因有了理想而更有理性/教育的理想是为了一切人——无论是城市的还是乡村的，富贵的还是贫贱的，聪慧的还是笨拙的/教育的理想是为了人的一切——无论是品德的还是人格的，生理的或是心理的，智力的还是情感的/理想因为有了教育而薪火相传，理想因有了教育而色彩斑斓。"人有很多种活法。归根到底的哲学问题只有一个，那就是精神立身还是富贵立身？我经常给我们的年轻教师讲，如果你的志向是搞物质搞经济，你就应该趁早离开，因为一个人干着你不愿意干的工作，不可能取得成就。选择教育也就选择了清贫。当然清贫与富有只是一种相对的比较。你和谁比较，你就产生怎样的心态，和经济实力强的人比，你会觉得物质和金钱是如此的相形见绌，但你和那些生活在社会底层的人比，你会感激上苍给予了你太多的恩赐，你要知道，地球上每晚都有人饿着肚子睡觉。你要知道，如果你的冰箱里有食物，身上有衣穿，有房子住有床睡，那么你就比这个世界上的很多人都富有，如果你银行里还有存款，钱包里还有票子，那你就属于这个世界上8%的幸运的人。我想，在今天，教师已经是这样的人了，如果我们还有着可观的精神收入，作为人，这样站在世界上不也挺值得吗？

因此，校长应该把自己的理想同教育的梦想结合起来。教育必须要有梦想，教育是一块让人心绪激荡的精神家园。理想是教师专业化发展的"助推器"，成长、成才、成功的"发动机"。作为校长，一定要在心灵深处高举理想之旗帜，为自己的成长发展勾画一幅宏伟蓝图，执着、虔诚地跟随，一步步地向理想迈进。

三、总想对你倾诉——让爱心与责任与你同行

一个校长的形象从某种意义上讲就是一所学校的形象，用我们平时的话讲就是，有什么样的校长就有什么样的学校。校长的形象具体来讲就是爱心与责任的代名词，没有爱就没有教育，没有责任就办不好教育。我曾在《迂回在乡村教育的路上》一文中写过这样一段话："我决定从教育局打马回乡，这让那些对我的仕途一直怀有很高期望的人们大失所望，朋友们纷纷打来电话，问我是不是患了'中年痴呆'，放弃县城优越的工作条件，偏要到农村搞什么基础教育，我无言以对，除了爱与责任，我实在找不出回乡的理由。"老实讲，我也曾有很多次离开教育的机会，因为我能信手涂鸦几个文字，县里面很多单位都要我，但后来我都放弃了，这其中最主要的原因是我觉得教育是我今生的宿命，我很适合做教育，离开它，我的人生将找不到靠岸的地方。我是这样想的，如果你不想当校长，请你千万别勉强地待在校长这个岗位上。这对你，对学生都是一种不经意的伤害。对学生来说，宝贵的童年、少年只有一次，若在你手里给浪费了，这是你人生最大的罪过，也是你学校周边这些孩子莫大的不幸。对自己来说，也是一种错误，由于你不安心，受你情绪的影响，你将在彷徨、痛苦、迷茫中庸碌一生，一事无成。

因为有爱，我们就能在自己的岗位上选择付出和奉献，因为有爱，我们就能在艰苦中寻求到快乐和幸福。因为有责任，我们就能在困难面前谋求道义与担当。因为有责任，我们才能在创业中感受自我存在的意义和价值。一个没有责任感的家长，这个家庭注定不会幸福。一个没有责任感的学校，注定不会是一个好学校。一个不负责任的人生，注定不是辉煌的人生。因此，如果你想管理好一所学校，一定要注意树立自身的良好形象，而良好形象的树立，首先要从献爱心和负责任开始。

四、我用真心换此生——让智慧与真情与你相伴

教育需要智慧，尤其在诸多困难面前，教育智慧是战胜一切困难的法宝。谈到智慧，我只讲两个方面，一是变通，二是霸道。先谈变通，所谓变通，其实就是在变换中寻找通途。举个例子，当你刚接手一个烂摊子，面对习惯懒散的教职工，你首先想到要用的招数是什么？建立健全规章制度。但一些教师认为，纪律是管理者有意与他们作对，所有的制度都是领导吃饱了没事干，弄些条条框框来整人的。再谈霸道，我这里讲的霸道，是指在正道上霸，绝非在歪门邪道上霸。只要你一腔正气，任何威胁，任何打击，任何困难，都是"纸老虎"。尤其在你新上任，面对新问题时，在大是大非的原则面前，要挺得住，别让人把你当成软弱可欺的好好先生。要么你挺住，要么你不当校长。

所谓真情，我想主要讲这几个方面：一是真心实意地关爱教职工。哪怕他曾经伤害过你，尤其是对那些什么都想得出、做得出的"小人"（讲一个"铭记与忘记"的故事）。古话讲，宰相肚里能撑船，我说，校长肚里可开车，忘记伤害，学会宽容，有容乃大，这是幸福的本源。二是免开尊口，高抬贵手。对教师不能说我要收拾你，调你到哪里去，对学生不能破口大骂，更不能采取任何手段收拾教师、整学生。这样做，至少有几点不好，第一是影响了你的形象，说明你没有修养。人们只欢迎面带微笑的人，绝对不会欢迎成日垮脸的人。第二是你缺乏智慧，因为，骂人整人是没有办法的选择，如果还有其他方法可用，我们为什么要出此下策？第三是你的动口动手，不但于事无补，还会对师生的情感造成伤害，你是一校之长，你所做的一切，都代表了学校，封顶了，出了问题便没有周旋的余地，你今后要想缝合这份感情就很困难。那么，有人顶撞你，诽谤你，中伤你，你是不是听之任之？我的办法是小事糊涂，除了讲原则讲大道理，一般不发话，发了话，力重千斤（举学校职评称一事）。

五、祝你一路顺风——让学习与反思伴你成长

我有一种越来越强烈的感受：大家越来越忙，已经没有了阅读和思考的时间。读书的重要性怎么说都不为过，一位学者这么说过，"我坐在这里，就是我所看过的东西的总和，如果没有阅读，我将一文不值"。作家余华说："没有一位作家的写作史长过他的阅读史，就像没有一种阅历长过人生一样。"二十一世纪劳动者最重要的素质就是会收集和处理信息，也就是读书。阅读是学习之本，是立教之根，是生存之道。关于读书，我的建议是阅读经典和阅读杂志。阅读经典，就是要去阅读那些经过了岁月沉淀和历史考验的教育著作，肖川先生在《与经典为友》一文中说：教育的道理，其实都是些大道理，朴素的道理，都是些家常话。像苏霍姆林斯基的《给教师的建议》就值得我们多次阅读。阅读杂志，就是要去阅读处在中国教育改革与发展前沿的一些报刊，像《教师博览》《中小学管理》等杂志很有必要订阅，因为这些杂志处在流行前沿，代表了一个时期的热点，它能让我们开阔视野，让我们了解教育最新改革发展动向，教育要面向现代化，关起门来搞教育肯定不行。有人讲，态度决定速度，思路决定出路，因为你书看多了，想问题做事情自然思路开阔，与众不同。你工作起来就轻松得多，顺手得多，"磨刀不误砍柴工"是大家都清楚的道理。所以，我建议大家在读书这个问题上做到"四个永远不要"：永远不要等有时间才阅读，见缝插针，想读就读；永远不要坐进书房才阅读，任何地方都可以阅读；永远不要有用才阅读，急功近利，立竿见影是妄想；永远不要嫌自己读得太晚，只要行动，就有收获。对女教师来说，书籍是最好的美容品；对男教师来说，书籍是一张挺括的名片。只要有书读，做人就幸福。

最后，我要强调一下反思，我们校长要做一个读、思、写结合的行者。全国特级教师管建刚说，上课提高慢，上台机会不多，即使上了也要担心失败，一失败下次就难说。文章不一样，你想写长就写长，想怎么写

就怎么写，可以放着，以后请人指教；可以投稿，退稿和石沉大海都不怕，因为没有人知道你失败了，而且，投稿很公平，没有人情，没有关系。这说明，思和写是你走向成功的一种重要途径，是你成才、成功的切入口和助跑器。苏霍姆林斯基对校长说：如果你想让教师的劳动能够给教师一些乐趣，使天天上课不至于变成一种单调乏味的义务，那你就应当引导每位教师走上从事一些研究的这条幸福的道路上来。我们很多人害怕写作，认为必须具备较高的文学素养才能写出文章，其实这是一个天大的错误，我们很多教师，为了评职称，加几天班，搞个突击，也就能写出一篇像样的文章，这说明至少你有写作的功底。余映潮老师给我们讲，如果你一年能写一篇文章发表，一年能上一堂好课，到有30年教龄的时候，你已经成了一个著名的教师，这个要求其实一点儿也不高，李镇西老师很出名，他给我们讲，直到现在，尽管他当了校长，他还兼着班主任，每天还要认真实施他的"五个一"工程：即上一节好课，思考一个教育或社会问题，写一篇教育日记，找一个学生谈话或书面交流，读一万字以上的书。结果他成了名校长、名教师，已在全国报纸杂志上发表了无数文章。就我个人来讲，读书与写作确实给我带来了很多快乐和幸福。在2000年以前，我一直都在写文章，但没有一篇发表，我很灰心。直到2000年8月后，开始有了转机，我的一篇文章《荒唐的七点水》在全国著名核心期刊《教师博览》上发表了，随后，我的《遭遇顽童》《别叫我老师》等文章又先后在《教师博览》《教师之友》《中小学管理》等刊物上发表，我信心大增，直到现在，我已在全国报纸杂志上发表了文章100多篇，写作给我带来了很多机会，老实讲，没了写作，我根本找不到以后的路。有的人可能要问，你这样天天写不累吗？我想告诉大家的是，边读、边思、边写已经成了我主要的生活方式，甚至已经融进了我的生命，很难用累与不累来评价了。但这种方式所支撑的生命，的确让我感受到了人生的意义、幸福和美。可以毫不夸张地说，写作为我的教育事业插上了翅膀。

还有人会问，不断地读、思、写就能成功吗？亚里士多德有一句名言，大意是人反复做什么事，他就是什么人。成功怕你重复，你重复必然会赢得成功。重复懒惰的人肯定是失败的人。

我之所以说这些，绝非是王婆卖瓜，我只是想请大家相信自己：把一个信念播种下去，收获的将是一个行动；把一个行动播种下去，收获的将是一个习惯；把一个习惯播种下去，收获的将是一种性格，一种性格关系到一个人的命运。

爱因斯坦说过，如果一个人忘记了他在学校所学到的每一样东西，那些留下来的就是教育。这些年，我走了一些地方，换了几个岗位，现在把留下来的东西讲出来，是否有意思、有价值、有趣味，我不敢奢望，但我希望这个过程能引起大家的思考。

谢谢你们愿意和我分享我的认识，耽误了大家的时间。谢谢！

镌刻在大山深处闪亮的青春

——在全市优秀教育工作者先进事迹报告会上的发言

尊敬的各位领导、各位同仁：

大山教育的希望，既需要教育愚公们的苦苦坚守，又需要优秀校长们的默默担当。这些年，我放弃优越，选择艰苦，用激情、智慧和勇气，带领全校教职工，扎根山村办教育。这是一张大爱无边的考卷，里面书写的除了热爱、责任和虔诚，没有其他答案。

我曾在《教育日记》首页上这样写道："从事教育是我今生最大的欣慰，扎根山村是我今生无悔的选择。我要用爱拭亮孩子们的双目，让他们看到山外；我要用智慧点亮孩子们的心灯，让他们走向远方。"多年来，我扎根贫困山区，在老区教育这块土地上默默无闻，辛勤耕耘，用心血和汗水在大山深处镌刻下了闪亮的青春。

一、放弃优越，选择艰苦，我用让人难以置信的举动诠释使命与责任

2006年3月，我从教育局回到家乡担任永安乡中学校长。老实讲，我对永安乡中学并不陌生，因为我生长在那里，求学、工作都在那里。不过，人们对我的到来，始终心存疑惑，且不说，这里的条件有多苦。这是一个典型的"老、少、边、穷"乡——贫困、闭塞、落后。学校距县城有120多公里，是松桃自治县离县城最远的乡镇。且不说，这些年，永安乡中学因多种原因低迷不振，老百姓关注度高，在那里工作压力太大。更何况，我21岁就成为当时全县最年轻的校长。2003年9月，任永安教辅站站长时，因勤奋努力，在全县"两基"攻坚中做出了点儿小成绩，被爱才心切的局领导看中，抽调到教育局工作。俗话说，好马不吃回头草。我怎么到了教育局又选择了回走？我曾在《迂回在乡村教育的路上》一文中这样写道："我决定从教育局打马回乡，这让那些对我的前途一直十分关注的人们不禁大失所望。朋友们纷纷打来电话，问我是不是患了'中年痴呆'，放弃县城优越条件，偏要到穷乡僻壤搞什么基础教育。除了爱与责任，我实在找不到回乡的理由。"耳边清晰地记得临走时县局领导的嘱咐：局里舍不得你走，可你一再要求，家乡更需要你，你就回去好好干吧，金子放在大山深处也会发光。是的，家乡更需要我。就像以前面对无数次改行的机会，我每一次都选择了放弃一样。回家并不需要很多理由。这是使命与责任的注解，对于一个有着美好前程的年轻人而言，选择教育，就选择了奉献，选择了大山，就选择了清贫，选择了回家，也就担当起了爱与责任。

二、默默无闻，呕心沥血，我用智慧和勇气在农村教育这块土地上描绘五彩的画卷

"教育，就是为师生缥缥缈缈的梦搭一架实实在在的梯子。作为一个教育工作者，我们必须做好三件事：一是让该读书的人都读书；二是让该读书的人都在好的条件下读书；三是让该读书的人都把书读好。"这段话是我在接手永安乡中学时发表"就职演说"的一部分，阐述了我作为一个教育管理工作者治理学校的工作思路和工作重心。我是这样说的，也是这样做的。

"让该读书的人都读书"是一个教育工作者的首要职责。我认为，要提高全民素质，实现教育机会均等，前提是任何一个孩子都不应该被拒之于校园的高墙之外，他们的教育应该有人"买单"。然而，在地处边远，经济困难的永安乡，贫穷就像套在孩子们身上的枷锁，让他们只能永远固守大山，远离文明，远离成功。要让每一个孩子都有书读，难啊！面对这个十分棘手的问题，我提出了三个原则：一是适龄少年入学巩固实行教师包干责任；二是组织师生捐款对特困生进行帮扶；三是落实好"两免一补"等困难学生救助金，对困难学生实施减、免、缓等政策。也就是在这种意识的指导下，在这个被称为"全县最远"的穷乡，省"两基"验收时，初中毛入学率达到了114%，辍学率控制在2.7%，永安乡中学被评为"先进单位"。"两基"巩固提高指标都达到了国家检查验收标准。

我任永安乡中学校长后，最为头痛的是：学校虽已欠债90多万元，但办学条件仍然十分简陋。为了让学生能在好的环境下读书，我四处奔走，日夜操劳。为改善学校办学条件，学校自筹资金21万元修好了围墙、厕所、校门，修筑了学校防洪堤，启动了学生食堂，在教室内安装了投影和彩电。为了管好资金，学校经费实行"三不准"（不准任何人签单挂账，不准在饭店吃喝，不准乱花一分钱）。为了节省资金，我不但不在学校领一分钱的报酬，还带动全校教师义务劳动，先后安装了学生宿舍电路、平整了学校操场、为学校挖了水沟、引来了自来水，为学校节省资金十多万元，而不胜体力的我，手起了血泡，脸晒成了"铁板"，还患上了胃溃疡。可我却依旧执着，痴心不改。

为了提高教育质量，让该读书的人都把书读好，我任校长后，外树形象，内强素质，建立健全规章制度，加强学校内部管理，采取一系列措施，对学校进行了整治和革新。检查常规，我事必躬亲；分析质量，我一丝不苟；教育科研，我时刻关注；教育管理，我更是毫不含糊。尤其是我提出的"用心换心，献爱启爱，以诚促诚"的德育工作思路和方法，让校风如春风，温暖师生，和谐校园。有人说我是闹钟，时常在敲打自己的时候提醒他人。有人说我是车胎，有受得了气的坚强。有人说我是"处理器",面对纷繁,临乱不畏,指挥若定。在我们的管理下,学校形象日趋好转,教育质量明显提高,各种荣誉相继而至。2006年,学校被县教育局评为"合格教职工之家""办学条件合格学校""教育管理一等奖""师德师风先进单位""教育质量二等奖"。2007年被县教育局评为"教育管理先进单位""德育工作先进单位""勤工俭学先进单位""两基巩固提高先进单位"。学校声名鹊起,老百姓竖指称赞。永安乡乡长在全乡人代会上这样讲:"自杨鹏任永安乡中学校长以来,学校可谓发生了翻天覆地的变化,杨鹏当校长,这是永安人民之幸!"

三、爱校如家,爱生如子,我用大爱和虔诚在大山深处镌刻下了闪亮的青春

我献身教育10多年,常是以校为家。老家离学校不远,且有年迈父亲,而我却很少回家看看。一次,学校学生患了水痘,我整天在学校与医院之间奔跑,当处理完学校事务,深夜两点回到家里时,儿子却发烧高达39度,我责怪妻子粗心,妻子反问:你也知道心疼自己的儿子?我无言。的确,在学校,我还算是一位称职的校长,大到学校发展,小到师生的冷暖安危,我无不时刻牵挂。而在家里,我既不是一个合格的丈夫也不是一个称职的父亲。

我常讲,没有爱就没有信任,没有爱就没有教育,对老师,我亲如兄弟,管理中充满了无限的人文关怀。对学生,我总是关心他们的学习、生活和疾苦。田芬的父母去世后,兄妹三人靠年老体弱的外公带着。我了解情况后,不但免收了兄妹三人的全部费用,还在铜仁日报上以《一个特殊的家庭》为题报道为其呼吁,使这个家庭得到资助。当我看到因母病辍学被迫在街上为人做工的刘艳时,我迅速组织全校师生捐款,让刘艳马上回校上课。当我听到钟书的继父拒不送其女入学时,我马上会同乡执法队前去讨个说法,直到对方知错改正为止。当我得知杨贵因父母失能无钱上学时,我把孩子喊到学校,跟学校有关人员讲,这学生的书钱算我的。我知

道，这样做是快乐的，就像我日记本里所记录的很多学生一样，只要孩子们有书读，我就很快乐。几年来，我共资助过 5 名学生读完初中，为特困生垫付费用 7 360 元。

我常给教师们讲，育人先修德，教书先读书，教师才是第一个该读书的人。为了提高自身素质，我读完了大专，自考了本科。在工作之余，把《中小学管理》《教育研究》《教师博览》等十数份报纸杂志当作常读之书，我常把所思所想诉于笔端，在《贵州教育》《教师博览》《贵州教育报》《铜仁日报》等全国报纸杂志上共发表了论文、散文、通讯报道等 50 多篇。

有付出就有收获。几年来，我先后被评为"优秀教师""优秀共产党员""两基攻坚先进个人""县级教学能手"，2007 年被评为"地区先进教育工作者"，2008 年 3 月被县教育局授予"全县优秀校长"称号。

一路走来，我坚实的步伐丈量的是对山区教育的忠诚和热爱。"毫不讳言，我是一个教育理想主义者，这理想扎根于山村，沸腾于心胸，紧贴于大地。我总是想尽自己之力给学生满分，让家长满意，让教师满足。"这是我《迂回在乡村教育的路上》一文中的心灵独白。我觉得，自己是一位行者，一直走在乡村教育的路上，我也想成为一座山峰，让大山里的孩子们站在我的肩上眺望远方。

这就是一个乡村校长关于教育的故事，平凡而普通。谢谢你们的聆听！

为美好教育梦不懈奋斗

——在 2018 年全县校长述职述廉报告会上的发言

尊敬的各位领导、各位同仁：

五年来，我在县委、县人民政府领导的培养下，在县教育局领导的关心和爱护下，在同事们的帮助和支持下，在思想上、政治上、工作上以及现实表现中都不断完善，取得了一些成绩。现我将个人的政治思想品德表现以及工作开展情况总结汇报如下。

一、政治思想品德及作风表现情况

在政治思想方面：我具有强烈的政治责任感，树立了正确的世界观、政绩观和牢固的群众观。我理想信念坚定，遵纪守法，作风正派，勤奋努力；我工作责任心强，以全心全意为人民服务、致力于打造松桃教育品牌为自己的事业追求，是一位热爱教育事业、任劳任怨、全身心扑在党的教育事业上的工作者。我具有强烈的团队合作精神，凡事顾大局、识大体，能够主动配合领导开展工作，上下级人际关系和谐。本人性格豁达开朗，从不争名夺利，不计较个人得失。奋发进取，勤勉自励，在思想上、政治上、业务上不断完善自己，全面提高自己，是一名思想素质过硬、综合能力较强的教育工作者。

在品德作风方面：我自觉践行党的群众路线和廉洁自律的各项规定，切实做到"自重、自省、自警、自励"。一是严格遵守党的纪律，坚持民主集中制原则，在工作中，始终注意摆正自己的位置，自觉服从组织领导，顾全大局，充分发挥领导干部的作用，切实做到了不错位、不空位、不越位，自觉维护学校的良好形象。同时，注重与同事的团结协作、密切配合，注意发挥全体教职工的职能作用，调动他们的积极性，注意工作的程序化、制度化、规范化，努力形成工作合力和战斗力，提高工作执行力；二是坚持依法办事，坚持不论亲疏、不分贵贱、不徇私情，坚持按规定程序办事，杜绝了以亲疏、贵贱来处理解决问题；三是坚持洁身端行，坚决拒绝不利于工作正常开展的一切宴请，时刻把自己置身于党和群众的监督之下。四是严格要求亲属。对家属子女和身边人员也从严要求，约法三章，不准他们以我的名义谋私利、搞特权，教育他们不做违法违纪的事情，真正做到自身正、身边清。

二、履行岗位职责和完成目标任务情况

2014年7月，因工作需要，组织把我从县教育局派到松桃民族寄宿制中学主持工作，到岗后，我在充分调查了解及征求意见的基础上，确立了"12345办学思路"，主要采取如下措施，取得了如下成绩。

（一）多方筹措教育经费，积极改善办学条件，设施设备实现真正一流

办学条件优良是办好学校的基础。为改变学校办学条件"缺、破、乱"的现状，我四处奔走，多方筹措经费，采取"向上争取一些、社会捐助一些、学校自筹一些"的办法，主要做了几项工作：

一是让办学硬件从无到有。争取上级拨改项目投资680万元新建学生宿舍、食堂、浴室；投资530万元新建塑胶田径场、篮球场；争取县级资金220万元新建录播室、电子阅览室、书画室、音乐室等。学校硬件设施填平补齐，齐备够用。

二是让设备从旧到新。总投资 288 万元新购 240 台学生电脑、47 台班班通设备、900 套学生课桌、800 张学生床，同时实施亮丽工程和维修工程，对教学楼、学生宿舍进行了全面维修、维护，学校设备实现从旧换新。

三是让校园从荒到美。投资 260 万元实施了校园绿化工程，实现花树成行，绿草如茵，风景如画。同时投资 160 万元实施校园文化建设，按照校园文化建设规划，着力打造"一台两路三园四室"，实现学校步步是景，处处显文。通过这些项目的实施，学校真正拥有了一流的办学条件。

（二）加强教师队伍建设，强化师德师风教育，教师队伍素质整体提升

高素质的教师队伍是办好学校的前提。为打造一支高素质教师队伍，我校主要采取了以下措施：

一是制定学校教师培养规划，切实将师德建设放在教师队伍建设的首位。扎实深入开展师德师风教育活动，通过加强教育法律法规的学习，严格执行《松桃苗族自治县教师职业道德和工作纪律的规定》《松桃民族寄宿制中学教师考勤管理规定》《松桃民族寄宿制中学教师履职考核方案》等制度，完善教师职业道德的考核管理，教师思想政治素质得到提高。

二是认真组织实施"名师""骨干教育""教学能手"等教师培养工程。通过采取"走出去，请进来""上挂职，下锻炼""外考察，内培训""既拜师又带徒"等多种方式，培养锻炼干部和培训骨干教师；搞好教师专业知识考试，建立有效的激励机制，五年来共培养市级骨干教师 15 人，县级骨干教师 26 人，学校中青年骨干教师正发展壮大。

三是做好中小学教师继续教育工程，提高我校教师的教育教学水平。认真实施"十三五"中小学教师继续教育工程，继续完善教师培训制度。把教师实施素质教育的能力和水平作为教师培训和考核的重点，加强教改、教研知识和技能培训，扎实做好教师继续教育，全面完成继续教育工作任务。

（三）加强学校精细化管理，努力构建和谐校园，学校办学水平进一步提升

规范化管理是办好学校的保障。为彻底治理学校师生"庸、懒、散"，学校校风不清，学风不浓的现状，学校主要采取以下措施：

一是加强学校德育工作。坚持把学校德育工作放在首位。加强和改进思想道德教育的教学方法和考评办法，进一步增强针对性和实效性。通过开展社会主义核心价值观教育、爱国主义教育、感恩教育等一系列教育活动，同时严格执行学校《学生管理十条禁令》《班级管理考核办法》《学校八项禁止》等学校规章制度。彻底改变学生衣着不整、上课睡觉、上操乱做、中午不休息等陋习，学生行为逐步规范，养成教育全面落实，良好校风学风逐步形成。

二是加强学校体育、美育、国防和环保教育工作，促进学生全面发展。认真实施《学生体质健康标准》，重视并上好体育课，通过规范上操、举办学校第十七届田径运动会，把体育课纳入考试、记入学生总分等措施确保青少年学生每天锻炼一小时。提高艺术课的开课率和教学质量，通过开展丰富多彩的文化艺术节，通过成立鼓号队、艺术团，通过举办文学社、书画社等社团活动，培养了学生良好的健身习惯和审美素质。

三是开展创建特色学校活动，大力加强学校建设，不断提升学校办学水平。充分利用学校资源，发挥学科、师资优势，积极寻找和培植学校的办学特色，通过充分挖掘，传承学校的优秀传统文化，形成自己的办学特色。

四是加强综合治理，努力构建和谐校园。切实加强学校卫生防疫和食品卫生安全的管理，建立学校卫生安全责任制度和监测机制，做好饮食卫生管理与卫生防疫工作。加强学生心理健康、青春期健康教育，广泛开展预防教育。健全学校安全制度和安全应急机制，加强校园值周值班，深入开展安全知识教育和应急演练，提高师生安全意识和自救互救能力，切实保护师生生命财产和学校财产安全。严格执行学校突发公共安全事件报告

制度，做好预防和处置工作。完善校园联防制度和检查制度，积极配合相关执法部门深入开展学校及周边环境社会治安综合治理，维护教育系统的安全和稳定。积极开展对学生法制教育、防毒反毒教育、防邪反邪教育，把学校打造成无毒、无邪净土；积极开展平安和谐校园创建活动和校园周边环境治安综合治理活动。多年来，学校无任何安全事故发生。

学校先后获得全市教育系统2015年、2016年"先进集体""铜仁市安全文明校园"称号，2015年、2016年、2017年获得"先进集体"称号，2016年、2017年获得"教育工作目标管理一等奖""德育工作先进单位""校园文化建设先进单位""社会治安综合治理先进单位"等荣誉称号。学校得以健康、持续、科学发展，正向"让人民满意的教育"目标迈进。

（四）以常规为根本，以教改为抓手，狠抓教育管理，教学质量全面提高

教育质量是学校发展的生命线。为提高我校教育质量，学校主要做好以下工作：

一是加强教学常规管理，按照上级教学常规管理"4个一"要求，对各教师备、教、批、辅、考、研等教学常规一月一检查一评比一统计一上报，教师教学工作过程更加规范；二是扎实开展校本教研活动，各组教师听课评课从以往的"走形式"走向实际，通过上示范课、汇报课大大提高了新教师的教学水平；三是积极组织学科学生竞赛，通过各科学生知识竞赛活动提高了学生的素质；四是学校积极参加上级组织的教研活动，全校教师在省级以上刊物共发表论文126篇，在省教育科学院、教育科研所组织的论文、教学设计竞赛中16人获一等奖，8人获二等奖，4人获三等奖。参加"一师一优课 一课一名师"活动，1节获评部级优课，14节获评省级优课，14节获评市级优课，4节获评县级优课；五是积极参加上级组织的优质课竞赛活动，我校教师18人获市、县学科优质课竞赛一等奖；六是积极实施新课改，通过专家引领、学校推动、教师自学，高效课堂逐渐构建，课改氛围全面形成；七是积极组织教改实验，全校共有4个市级

课题结题，5个市级，10个县级、20个校级教改实验课题立项实施，打开了人人参与实验的新局面；八是狠抓毕业班工作。通过对教师培训、学生考试、教学研究、质量分析的高效督导和管理，中考成绩年年突破；九是自己也积极参与课题研究，在市级课题《中学语文弘扬民族文化的教学研究》课题研究中承担主要研究任务。

五年的实践与探索，我校的教育质量有了全面提升：2015年、2016年连续两年荣获全市城区公办初中教育质量二等奖，2017年荣获全市城区公办初中教学质量三等奖，连续三年荣获全县一类校教育质量一等奖，总分、平均分在全市公办初级中学中位列前列，省级示范性高中录取率达到了63%。

（五）加强党风廉政建设，推进校务公开，校园内外风清气正

为营造风清气正的教学环境，我采取了以下措施：

一是扎实开展党风廉政建设活动，做好廉政文化进校园工作。在学校政务中凡学校有重大决策和改革，都要广泛征求意见，充分民主协商；凡学校经费、人事等敏感事项，一律公正办理，公示公开。要让教师知道学校要做什么，在做什么，让教师在学校有充分的自主权、参与权和知情权，让教师真正成为学校的主人，同时加强校务政务分开，让政务更加公正廉洁，让校务更加公平透明。

二是进一步强化学校资金和财物的管理，学校要按国家有关财务管理规章制度进行本校账务管理，接受上级财政、审计等部门监督审计，实行民主理财，财务公开。进一步规范学校资金特别是预算外的收支两条线审计监管，实行年度审计报告制度，对学校的物资要做好清理核实工作，积极推行教育资产微机软件化管理，坚决杜绝资产流失、人为损失现象的发生，提高学校资金的使用效益。

学校党风廉政工作的加强，让学校及教职工无任何违纪违法行为，校园风清气正，教师幸福指数提升。学校先后被授予"铜仁市先进基层组织""松桃县先进基层组织""铜仁市先进工会"等荣誉称号。

有付出就有收获。这些年里，因为工作业绩突出，我先后被市委、市政府评为"先进教育工作者"，2次被县委、县政府评为"优秀校长""十佳校长"，2次被县教育局评为全县"先进教育工作者"，荣获汪谬省级名校长工作室"优秀学员"称号。在全国报纸杂志上共发表论文、散文、新闻报道60余篇。

三、自身存在的不足

一是教育教学及管理能力不足，有时对新形势、新情况、新机遇研判不够、把握不准，造成工作被动。二是有时过于自信。在工作中有时认为自己当校长多年，管理经验丰富，并在不同岗位上取得了一点儿成绩，偶尔产生骄傲自满情绪，听不进同志们的建议。三是开拓创新精神不足。为了求稳，怕打破常规，怕创造性开展工作反而造成负面影响，工作难以实现新跨越。

四、下一步打算

一是进一步加强学习，提升自身的政治素质和理论素养，以更加优秀的品德、更加优良的作风服务教育。二是在教育教学及学校管理方面勤奋耕耘、苦下功夫，狠出实招，向教育专家靠近，为办人民满意的教育，为实现松桃美好的教育梦不懈奋斗。